Genussvolle Mediterrane Küche

Eine Reise durch die Aromen des Südens

Anna Müller

Zusammenfassung

Mediterranes Pita 9

Hummus-Teufelseier 11

Buchweizen-Apfel-Rosinen-Muffins 14

Muffins mit Kürbiskleie 16

Pfannkuchen mit Buchweizenbutter 18

French Toast mit Mandeln und Pfirsichkompott 19

Beeren-Haferflocken mit süßer Vanillecreme 20

Crêpe mit Schokolade und Erdbeeren 23

Spargel-Schinken-Quiche 25

Apfel-Käse-Scones 27

Schinkenspeck mit Eiern 29

Orangen- und Blaubeermuffins 31

14. Gebackene Ingwer-Haferflocken mit Birnen-Topping 32

Vegetarisches Omelett nach griechischer Art 33

Sommer-Smoothie 35

Pitas mit Schinken und Eiern 36

Couscous zum Frühstück 38

Pfirsichsalat zum Frühstück 40

Gesalzene Haferflocken 41

Tahini und Apfeltoast 42

Basilikum-Rührei 43

Griechische Kartoffeln und Eier 44

Avocado-Honig-Smoothie 46

Gemüseomelett 47

Mini-Salatbrötchen	49
Apfel-Cous-Cous mit Curry	50
Lammflan und Gemüse	51
Flunder mit Kräutern	53
Blumenkohl-Quinoa	54
Mango-Birnen-Smoothie	55
Spinat-Omelett	56
Mandel-Pfannkuchen	58
Quinoa-Obstsalat	60
Erdbeer-Rhabarber-Smoothie	61
Gerstenbrei	62
Kürbis-Lebkuchen-Smoothie	63
Grüner Saft	64
Smoothie mit Trockenfrüchten und Datteln	65
Fruchtsmoothie	66
Schokoladen-Bananen-Smoothie	67
Joghurt mit Blaubeeren, Honig und Minze	68
Parfait mit Obst und Joghurt	69
Haferflocken mit Beeren und Sonnenblumenkernen	70
Tolle schnelle Mandel- und Ahornsorte	71
Bananen-Haferflocken	73
Sandwiches zum Frühstück	74
Couscous am Morgen	76
Avocado-Apfel-Smoothie	78
Mini-Tortilla	79
Haferflocken aus sonnengetrockneten Tomaten	81
Eier auf Avocado	83

Brekky Egg: Kartoffelhasch	85
Tomaten-Basilikum-Suppe	87
Kürbis Hummus	89
Schinkenmuffins	90
Dinkelsalat	91
Blaubeeren und Datteln	92
Linsen-Cheddar-Omelett	93
Thunfisch-Sandwiches	95
Dinkelsalat	96
Kichererbsen-Zucchini-Salat	98
Provenzalischer Artischockensalat	100
Bulgarischer Salat	102
Schüssel mit Falafelsalat	104
Einfacher griechischer Salat	106
Rucolasalat mit Feigen und Walnüssen	108
Blumenkohlsalat mit Tahini-Vinaigrette	110
Mediterraner Kartoffelsalat	112
Quinoa-Pistazien-Salat	114
Gurken-Hähnchen-Salat mit würzigem Erdnuss-Dressing	116
Gemüsepaella	117
Auflauf mit Auberginen und Reis	119
Couscous mit Gemüse	122
Kushari	125
Bulgur mit Tomaten und Kichererbsen	128
Makrelen-Makkaroni	130
Makkaroni mit Kirschtomaten und Sardellen	132
Risotto mit Zitrone und Garnelen	134

Spaghetti mit Muscheln 136

Griechische Fischsuppe 139

Veiner-Reis mit Garnelen 141

Pennette-Lachs und Wodka 144

Carbonara mit Meeresfrüchten 146

Garganelli mit Zucchinipesto und Garnelen 148

Lakritzreis 151

Pasta mit Kirschtomaten und Sardellen 153

Orecchiette-Brokkoli und Wurst 155

Risotto mit Radicchio und geräuchertem Speck 157

Genueser Pasta 159

Neapolitanische Blumenkohlnudeln 162

Nudeln und Bohnen, Orange und Fenchel 164

Zitronen Spaghetti 166

Pikanter Gemüse-Couscous 167

Gekochter Reis, gewürzt mit Fenchel 169

Marokkanischer Couscous mit Kichererbsen 171

Vegetarische Paella mit Bohnen und Kichererbsen 173

Knoblauchgarnelen mit Tomaten und Basilikum 175

Garnelen-Paella 177

Linsensalat mit Oliven, Minze und Fetakäse 179

Kichererbsen mit Knoblauch und Petersilie 181

Kichererbsen gedünstet mit Auberginen und Tomaten 183

Griechischer Reis mit Zitrone 185

Reis mit aromatischen Kräutern 187

Mediterraner Reissalat 189

Frischer Thunfisch-Bohnen-Salat 191

Leckere Hühnernudeln 193

Mediterrane Tacos 195

Leckerer Mac und Käse 197

Reis mit Gurkenoliven 199

Risotto aus aromatischen Kräutern 201

Köstliche Frühlingsnudeln 203

Gebratene Pfefferpaste 205

Käse-Basilikum-Reis-Tomate 207

Pasta mit Thunfisch 209

Gemischtes Avocado-Truthahn-Sandwich 211

Hähnchen mit Gurke und Mango 213

Fattoush – Brot aus dem Nahen Osten 215

Glutenfreie Tomaten-Knoblauch-Focaccia 217

Gegrillter Hamburger mit Pilzen 219

Mittelmeer Baba Ghanoush 221

Mediterranes Pita

Zubereitungszeit: 22 Minuten

Kochzeit: 3 Minuten

Portionen: 2

Schwierigkeit: Einfach

Zutaten:

- 1/4 Tasse süße rote Paprika
- 1/4 Tasse gehackte Zwiebel
- 1 Tasse Ei-Ersatz
- 1/8 Teelöffel Salz
- 1/8 Teelöffel Pfeffer
- 1 Tomate in kleinen Stücken
- 1/2 Tasse gehackter frischer Babyspinat
- 1-1/2 Teelöffel gehacktes frisches Basilikum
- 2 ganze Pitas
- 2 Esslöffel zerbröselter Feta-Käse

Hinweise:

Bestreichen Sie eine kleine beschichtete Pfanne mit Kochspray. Zwiebel und Chili 3 Minuten bei mittlerer Hitze anbraten. Den Eiersatz dazugeben und mit Salz und Pfeffer würzen. Rühren, bis es hart wird. Den gehackten Spinat, die gehackten Tomaten und das gehackte Basilikum mischen. Über die Focaccia gießen. Decken Sie die Gemüsemischung mit Ihrer Eimischung ab. Mit zerbröckeltem Feta-Käse garnieren und sofort servieren.

Nährwert (pro 100 g): Kalorien: 267 Kohlenhydrate: 3 g Fett: 41 g Protein: 643 g Natrium: 20 g

Hummus-Teufelseier

Zubereitungszeit: 10 Minuten

Kochzeit: 0 Minuten

Portionen: 6

Schwierigkeit: Einfach

Zutaten:

- 1/4 Tasse gewürfelte Gurke
- 1/4 Tasse fein gehackte Tomate
- 2 Teelöffel frischer Zitronensaft
- 1/8 Teelöffel Salz
- 6 hartgekochte Eier, geschält, der Länge nach halbiert
- 1/3 Tasse gerösteter Knoblauch-Hummus oder ein anderer Hummus-Geschmack
- Fein gehackte frische Petersilie (optional)

Hinweise:

Tomate, Zitronensaft, Gurke und Salz untermischen und dann vorsichtig vermischen. Kratzen Sie das Eigelb von der Hälfte der Eier ab und bewahren Sie es für die spätere Verwendung auf. Geben Sie in jede Eihälfte einen Teelöffel Hummus. Mit Petersilie und einem halben Teelöffel der Tomaten-Gurken-Mischung belegen. Sofort servieren

Nährwert (pro 100 g): 40 Kalorien, 1 g Fett, 3 g Kohlenhydrate, 4 g

Rührei mit geräuchertem Lachs

Zubereitungszeit: 2 Minuten

Kochzeit: 8 Minuten

Portionen: 4

Schwierigkeit: mittel

Zutaten:

- 16 Gramm Eiersatz, cholesterinfrei
- 1/8 Teelöffel schwarzer Pfeffer
- 2 Esslöffel geschnittene Frühlingszwiebeln, die Oberseite behalten
- 1 Unze kalter, fettarmer Frischkäse, in 1/4-Zoll-Würfel geschnitten
- 2 Gramm geräucherte Lachsflocken

Hinweise:

Den kalten Frischkäse in ¼-Zoll-Würfel schneiden und beiseite stellen. Eiersatz und Pfeffer in einer großen Schüssel verquirlen. Bestreichen Sie eine beschichtete Pfanne bei mittlerer Hitze mit Kochspray. Den Ei-Ersatz einrühren und 5-7 Minuten kochen lassen oder bis es anfängt fest zu werden, dabei gelegentlich umrühren und den Boden der Pfanne abkratzen.

Den Frischkäse, die Frühlingszwiebel und den Lachs vermischen. Kochen und rühren Sie weitere 3 Minuten lang weiter oder bis die Eier noch feucht, aber durchgegart sind.

Nährwert (pro 100 g): Kalorien: 100 Kohlenhydrate: 3 g Fett: 2 g Protein: 772 mg Natrium: 15 g

Buchweizen-Apfel-Rosinen-Muffins

Zubereitungszeit: 24 Minuten

Kochzeit: 20 Minuten

Portionen: 12

Schwierigkeit: mittel

Zutaten:

- 1 Tasse Allzweckmehl
- 3/4 Tasse Buchweizenmehl
- 2 Esslöffel brauner Zucker
- 1,5 Teelöffel Backpulver
- 1/4 Teelöffel Backpulver
- 3/4 Tasse fettarme Butter
- 2 Esslöffel Olivenöl
- 1 großes Ei
- 1 Tasse frische Äpfel, gewürfelt, geschält und entkernt
- 1/4 Tasse goldene Rosinen

Hinweise:

Heizen Sie den Ofen auf 375 Grad F vor. Legen Sie eine 12-Tassen-Muffinform mit Antihaft-Kochspray oder Pappbechern aus. Beiseite legen Alle trockenen Zutaten in eine Schüssel geben. Beiseite legen

Die flüssigen Zutaten glatt rühren. Übertragen Sie die flüssige Mischung auf die Mehlmischung und rühren Sie, bis sie feucht ist. Gewürfelte Äpfel und Rosinen hinzufügen. Füllen Sie jede Muffinform zu etwa 2/3 mit der Mischung. Goldbraun kochen. Benutzen Sie den Zahnstochertest. dienen

Nährwert (pro 100 g): Kalorien: 117 Kohlenhydrate: 1 g Fett: 19 g Protein: 683 mg Natrium

Muffins mit Kürbiskleie

Zubereitungszeit: 20 Minuten

Kochzeit: 20 Minuten

Portionen: 22

Schwierigkeit: mittel

Zutaten:

- 3/4 Tasse Allzweckmehl
- 3/4 Tasse Vollkornmehl
- 2 Löffel Zucker
- 1 Esslöffel Backpulver
- 1/8 Teelöffel Salz
- 1 Teelöffel Kürbiskuchengewürz
- 2 Tassen Müsli aus 100 % Kleie.
- 1 Tasse und eine Hälfte Magermilch
- 2 Eiweiß
- 15 Gramm x 1 Schachtel Kürbis
- 2 Esslöffel Avocadoöl

Hinweise:

Heizen Sie den Ofen auf 400 Grad Fahrenheit vor. Bereiten Sie eine Muffinform vor, die groß genug für 22 Muffins ist, und bestreichen Sie sie mit Kochspray. Mischen Sie die ersten vier Zutaten, bis alles gut vermischt ist. Beiseite legen

In einer großen Schüssel Milch und Getreidekleie vermischen und 2 Minuten ruhen lassen, bis das Getreide weich wird. Öl, Eiweiß und Kürbis zur Kleiemischung geben und gut vermischen. Die Mehlmischung dazugeben und gut vermischen.

Den Teig gleichmäßig in der Muffinform verteilen. 20 Minuten backen. Die Muffins aus der Form nehmen und warm oder gekühlt servieren.

Nährwert (pro 100 g): Kalorien 70: 3 g Fett: 14 g Kohlenhydrate: 3 g Protein: 484 mg Natrium

Pfannkuchen mit Buchweizenbutter

Zubereitungszeit: 2 Minuten
Kochzeit: 18 Minuten
Portionen: 9
Schwierigkeit: Einfach

Zutaten:

- 1/2 Tasse Buchweizenmehl
- 1/2 Tasse Allzweckmehl
- 2 Teelöffel Backpulver
- 1 Teelöffel brauner Zucker
- 2 Esslöffel Olivenöl
- 2 große Eier
- 1 Tasse fettarme Butter

Hinweise:

Mischen Sie die ersten vier Zutaten in einer Schüssel. Öl, Buttermilch und Eier hinzufügen und zu einem glatten Teig verrühren. Stellen Sie die Pfanne auf mittlere Hitze und sprühen Sie sie mit Antihaftspray ein. Gießen Sie ¼ Tasse des Teigs über die Pfanne und backen Sie ihn auf jeder Seite 1–2 Minuten lang oder bis er goldbraun ist. Sofort servieren.

Nährwert (pro 100 g): Kalorien: 108 Kohlenhydrate: 3 g Fett: 12 g Protein: 556 mg Natrium: 4 g

French Toast mit Mandeln und Pfirsichkompott

Zubereitungszeit: 10 Minuten

Kochzeit: 15 Minuten

Portionen: 4

Schwierigkeit: Einfach

Zutaten:

- <u>Zusammengesetzt:</u>
- 3 Esslöffel Zuckerersatz, basierend auf Sucralose
- 1/3 Tasse + 2 Esslöffel Wasser, geteilt
- 1 1/2 Tassen geschälte oder gefrorene Pfirsiche, aufgetaut und abgetropft, in Scheiben geschnitten
- 2 Esslöffel Pfirsichaufstrich, ohne Zuckerzusatz
- 1/4 Teelöffel gemahlener Zimt
- <u>Mandel-French-Toast</u>
- 1/4 Tasse fettarme Milch (Magermilch)
- 3 Esslöffel Zuckerersatz, basierend auf Sucralose
- 2 ganze Eier
- 2 Eiweiß
- 1/2 Teelöffel Mandelextrakt
- 1/8 Teelöffel Salz
- 4 Scheiben Mehrkornbrot
- 1/3 Tasse Mandelscheiben

Hinweise:

Um das Kompott zuzubereiten, lösen Sie 3 Esslöffel Sucralose in 1/3 Tasse Wasser in einem mittelgroßen Topf bei mittlerer bis hoher Hitze auf. Die Pfirsiche dazugeben und aufkochen lassen. Reduzieren Sie die Hitze auf mittlere Stufe und kochen Sie ohne Deckel weitere 5 Minuten weiter oder bis die Pfirsiche weich sind.

Geben Sie das restliche Wasser und den Fruchtaufstrich hinzu und geben Sie dann die Pfirsiche in den Topf. Noch eine Minute kochen lassen oder bis der Sirup eindickt. Vom Herd nehmen und den Zimt hinzufügen. Zum Warmhalten abdecken.

Um arme Ritter zu machen. Milch und Sucralose in einer großen, tiefen Schüssel vermischen und schlagen, bis sie sich vollständig aufgelöst haben. Eiweiß, Eier, Mandelextrakt und Salz hinzufügen. Tauchen Sie beide Seiten der Brotscheiben 3 Minuten lang oder bis sie vollständig eingeweicht sind in die Eimischung. Beide Seiten mit Mandelblättchen bestreuen und fest andrücken.

Beschichten Sie die beschichtete Pfanne mit Kochspray und stellen Sie sie auf mittlere bis hohe Hitze. Die Brotscheiben auf der Grillplatte von beiden Seiten 2 bis 3 Minuten braten, bis sie hellbraun sind. Mit dem Pfirsichkompott servieren.

Nährwert (pro 100 g): Kalorien: 277 Kohlenhydrate: 12 g Fett: 7 g Protein: 665 mg Natrium

Beeren-Haferflocken mit süßer Vanillecreme

Zubereitungszeit: 5 Minuten

Kochzeit: Fünf Minuten

Portionen: 4

Schwierigkeit: Einfach

Zutaten:

- 2 Tassen Wasser
- 1 Tasse schnell kochende Haferflocken
- 1 Esslöffel Zuckerersatz auf Sucralose-Basis
- 1/2 Teelöffel gemahlener Zimt
- 1/8 Teelöffel Salz
- <u>Creme</u>
- 3/4 Tasse fettfreie Hälfte und Hälfte
- 3 Esslöffel Zuckerersatz auf Sucralose-Basis
- 1/2 Teelöffel Vanilleextrakt
- 1/2 Teelöffel Mandelextrakt
- <u>Gewürze</u>
- 1 1/2 Tassen frische Blaubeeren
- 1/2 Tasse frische oder gefrorene und aufgetaute Himbeeren

Hinweise:

Das Wasser bei starker Hitze zum Kochen bringen und die Haferflocken unterrühren. Reduzieren Sie die Hitze auf mittlere Stufe, während Sie die Haferflocken ohne Deckel zwei Minuten lang oder bis sie dick sind kochen. Vom Herd nehmen und Zuckerersatz, Salz und Zimt vermischen. In einer mittelgroßen Schüssel alle Sahnezutaten gut vermischen. Teilen Sie die gekochten Haferflocken in vier gleiche Portionen und gießen Sie die süße Sahne darüber. Mit den Beeren belegen und servieren.

Nährwert (pro 100 g): Kalorien: 150 Kohlenhydrate: 5 g Fett: 30 g Protein: 807 mg Natrium

Crêpe mit Schokolade und Erdbeeren

Zubereitungszeit: 5 Minuten

Kochzeit: 10 Minuten

Portionen: 4

Schwierigkeit: Einfach

Zutaten:

- 1 Tasse Weichweizenmehl
- 2/3 Tasse fettarme Milch (1 %)
- 2 Eiweiß
- 1 Ei
- 3 Esslöffel Zucker
- 3 Esslöffel ungesüßtes Kakaopulver
- 1 Esslöffel gekühlte geschmolzene Butter
- 1/2 Teelöffel Salz
- 2 Teelöffel Rapsöl
- 3 Esslöffel Erdbeer-Topping
- 3 1/2 Tassen aufgetaute oder frisch geschnittene Erdbeeren
- 1/2 Tasse aufgetauter, gefrorener, fettfreier Schlagsahne
- Frische Minzblätter (falls gewünscht)

Hinweise:

Mischen Sie die ersten acht Zutaten in einer großen Schüssel, bis sie glatt und gut vermischt sind.

¼ Teelöffel Öl in einer kleinen, mit Teflon ausgekleideten Pfanne bei mittlerer Hitze erhitzen. Gießen Sie ¼ Tasse Teig in die Mitte und schwenken Sie ihn, bis die Pfanne mit Teig bedeckt ist.

Eine Minute kochen lassen oder bis der Crêpe undurchsichtig und die Ränder trocken sind. Wenden und noch eine halbe Minute kochen lassen. Wiederholen Sie den Vorgang mit der restlichen Mischung und dem Öl.

Geben Sie ¼ Tasse der aufgetauten Erdbeeren in die Mitte des Crêpes und rollen Sie ihn, bis die Füllung bedeckt ist. Vor dem Servieren mit 2 Esslöffeln Schlagsahne belegen und mit Minze garnieren.

Nährwert (pro 100 g): Kalorien: 334 Kohlenhydrate: 5 g Fett: 58 g Protein: 678 g Natrium: 10 g

Spargel-Schinken-Quiche

Zubereitungszeit: 5 Minuten

Kochzeit: 42 Minuten

Portionen: 6

Schwierigkeit: Einfach

Zutaten:

- 2 1/2-Zoll-Tassen geschnittener Spargel
- 1 gehackte rote Paprika
- 1 Tasse Milch, fettarm (1%)
- 2 Esslöffel Weichweizenmehl
- 4 Eiweiß
- 1 Ei, ganz
- 1 Tasse gehackter Kochschinken
- 2 Esslöffel gehackter Estragon oder frisches Basilikum
- 1/2 Teelöffel Salz (optional)
- 1/4 Teelöffel schwarzer Pfeffer
- 1/2 Tasse Schweizer Käse, fein gehackt

Hinweise:

Heizen Sie den Ofen auf 350 Grad F vor. Erhitzen Sie Pfeffer und Spargel in einem Esslöffel Wasser auf HIGH für 2 Minuten in der Mikrowelle. Drainage Mehl und Milch verrühren, dann Eier und Eiweiß dazugeben, bis alles gut vermischt ist. Mischen Sie das Gemüse und die anderen Zutaten außer dem Käse.

In eine 9-Zoll-Pfanne gießen und 35 Minuten backen. Den Käse über die Quiche streuen und weitere 5 Minuten backen oder bis der Käse geschmolzen ist. 5 Minuten abkühlen lassen und dann zum Servieren in 6 Scheiben schneiden.

Nährwert (pro 100 g): Kalorien: 138 Kohlenhydrate: 1 g Fett: 8 g Protein: 588 mg Natrium: 13 g

Apfel-Käse-Scones

Zubereitungszeit: 20 Minuten

Kochzeit: 15 Minuten

Portionen: 10

Schwierigkeit: mittel

Zutaten:

- 1 Tasse Allzweckmehl
- 1 Tasse Vollkorn, Weißmehl
- 3 Esslöffel Zucker
- 1,5 Teelöffel Backpulver
- 1/2 Teelöffel Salz
- 1/2 Teelöffel gemahlener Zimt
- 1/4 Teelöffel Backpulver
- 1 gewürfelter Granny-Smith-Apfel
- 1/2 Tasse geriebener Cheddar-Käse
- 1/3 Tasse Apfelmus, pur oder ungesüßt
- 1/4 Tasse Milch, fettfrei (Magermilch)
- 3 Esslöffel geschmolzene Butter
- 1 Ei

Hinweise:

Heizen Sie den Ofen auf 200 °C vor. Bereiten Sie das Backblech vor, indem Sie es mit Backpapier auslegen. Alle trockenen Zutaten in eine Schüssel geben und vermischen. Den Käse und den Apfel vermischen. Beiseite legen Alle feuchten Zutaten vermischen. In die trockene Mischung gießen, bis alles gut vermischt ist und ein klebriger Teig entsteht.

Den Teig auf einem bemehlten Brett etwa fünfmal kneten. Dann tupfen und strecken Sie es zu einem 20 cm großen Kreis. In 10 diagonale Schnitte schneiden.

Auf ein Backblech legen und mit Kochspray einsprühen. 15 Minuten backen oder bis es leicht gebräunt ist. dienen

Nährwert (pro 100 g): Kalorien: 169 Kohlenhydrate: 2 g Fett: 26 g Protein: 689 mg Natrium: 5 g

Schinkenspeck mit Eiern

Zubereitungszeit: 15 Minuten

Kochzeit: 15 Minuten

Portionen: 4

Schwierigkeit: Einfach

Zutaten:

- 1 Tasse Eiersatz, cholesterinfrei
- 1/4 Tasse Parmesan, gehackt
- 2 Scheiben kanadischer Speck, gewürfelt
- 1/2 Teelöffel rote Chilisauce
- 1/4 Teelöffel schwarzer Pfeffer
- 4 x 7 Zoll Vollkorn-Tortillas
- 1 Tasse Babyspinatblätter

Hinweise:

Heizen Sie den Ofen auf 325 Grad F vor. Kombinieren Sie die ersten fünf Zutaten für die Füllung. Gießen Sie die Mischung in eine 9-Zoll-Auflaufform, die mit Kochspray mit Buttergeschmack besprüht ist.

15 Minuten kochen lassen oder bis die Eier fest sind. Aus dem Ofen nehmen. Legen Sie die Tortillas für eine Minute in den Ofen. Die gekochte Eiermischung vierteln. Ein Viertel in die Mitte jeder Tortilla legen und mit ¼ Tasse Spinat garnieren. Falten Sie den Boden der Tortilla zur Mitte und dann beide Seiten zur Mitte, um sie zu schließen. Sofort servieren.

Nährwert (pro 100 g): Kalorien: 195 Kohlenhydrate: 15 g Fett: 3 g Protein: 688 mg Natrium

Orangen- und Blaubeermuffins

Zubereitungszeit: 10 Minuten

Kochzeit: 10-25 Minuten

Portionen: 12

Schwierigkeit: mittel

Zutaten:

- 1 3/4 Tassen Allzweckmehl
- 1/3 Tasse Zucker
- 2,5 Teelöffel Backpulver
- 1/2 Teelöffel Backpulver
- 1/2 Teelöffel Salz
- 1/2 Teelöffel gemahlener Zimt
- 3/4 Tasse fettfreie Milch (Magermilch)
- 1/4 Tasse Butter
- 1 großes Ei, leicht geschlagen
- 3 Esslöffel aufgetautes Orangensaftkonzentrat
- 1 Teelöffel Vanille
- 3/4 Tasse frische Blaubeeren

Hinweise:

Heizen Sie den Ofen auf 400 Grad F vor. Befolgen Sie die Schritte 2 bis 5 für Buchweizen-, Apfel- und Rosinenmuffins. 5 Minuten abkühlen lassen und heiß servieren.

Nährwert (pro 100 g): Kalorien: 149 Kohlenhydrate: 5 g Fett: 24 g Protein: 518 mg Natrium

14. Gebackene Ingwer-Haferflocken mit Birnen-Topping

Zubereitungszeit: 10 Minuten

Kochzeit: 15 Minuten

Portionen: 2

Schwierigkeit: Einfach

Zutaten:

- 1 Tasse alte Haferflocken
- 3/4 Tasse fettfreie Milch (Magermilch)
- 1 Eiweiß
- 1 1/2 Teelöffel geriebener frischer Ingwer oder 3/4 Teelöffel gemahlener Ingwer
- 2 Esslöffel brauner Zucker, geteilt
- 1/2 reife Birne, gewürfelt

Hinweise:

Sprühen Sie zwei 6-Unzen-Pfannen mit Antihaft-Kochspray ein. Heizen Sie den Ofen auf 350 Grad F vor. Kombinieren Sie die ersten vier Zutaten und einen Esslöffel Zucker und vermischen Sie alles gut. Gleichmäßig zwischen den beiden Formen verteilen. Komplett mit Birnenscheiben und dem restlichen Löffel Zucker. 15 Minuten backen. Heiß servieren.

Nährwert (pro 100 g): Kalorien: 268 Kohlenhydrate: 5 g Fett: 2 g Protein: 779 mg Natrium

Vegetarisches Omelett nach griechischer Art

Zubereitungszeit: 10 Minuten

Kochzeit: 20 Minuten

Portionen: 2

Schwierigkeit: Einfach

Zutaten:

- 4 große Eier
- 2 Esslöffel fettfreie Milch
- 1/8 Teelöffel Salz
- 3 Teelöffel Olivenöl, geteilt
- 2 Tassen Baby-Portobello, in Scheiben geschnitten
- 1/4 Tasse fein gehackte Zwiebel
- 1 Tasse frischer Babyspinat
- 3 Esslöffel Feta-Käse, zerbröckelt
- 2 Esslöffel in Scheiben geschnittene reife Oliven
- Frisch gemahlener Pfeffer

Hinweise:

Mischen Sie die ersten drei Zutaten. Mischen Sie 2 Esslöffel Öl in einer beschichteten Pfanne bei mittlerer bis hoher Hitze. Zwiebeln und Pilze 5-6 Minuten goldbraun braten. Den Spinat einrühren und zum Kochen bringen. Nehmen Sie die Mischung aus der Pfanne.

Erhitzen Sie das restliche Öl in derselben Pfanne bei mittlerer bis niedriger Hitze. Gießen Sie die Eimischung hinein und drücken Sie, sobald sie anfängt fest zu werden, die Ränder zur Mitte hin, sodass die Rohmasse schwimmt. Wenn die Eier fest sind, werfen Sie die Gemüsemischung zur Seite. Mit Oliven und Fetakäse bestreuen und die andere Seite verschließen. Zum Servieren halbieren und mit Pfeffer bestreuen.

Nährwert (pro 100 g): Kalorien: 271 Kohlenhydrate: 2 g Fett: 7 g Protein: 64 g Natrium: 18 g

Sommer-Smoothie

Zubereitungszeit: 8 Minuten

Kochzeit: 0 Minuten

Portionen: 2

Schwierigkeit: Einfach

Zutaten:

- 1/2 Banane, geschält
- 2 Tassen Erdbeeren, halbiert
- 3 Esslöffel Minze, gehackt
- 1 1/2 Tassen Kokoswasser
- 1/2 Avocado, geschält und geschält
- 1 Dattel, gehackt
- Eiswürfel nach Bedarf

Hinweise:

Alles in einen Mixer geben und glatt rühren. Zum Eindicken Eiswürfel hinzufügen und kalt servieren.

Nährwert (pro 100 g): Kalorien: 360 Kohlenhydrate: 31 g Fett: 12 g Protein: 737 mg Natrium

Pitas mit Schinken und Eiern

Zubereitungszeit: 5 Minuten

Kochzeit: 15 Minuten

Portionen: 4

Schwierigkeit: Einfach

Zutaten:

- 6 Eier
- 2 Schalotten, gehackt
- 1 Teelöffel Olivenöl
- 1/3 Tasse geräucherter Schinken, gehackt
- 1/3 Tasse süßer grüner Pfeffer, gehackt
- 1/4 Tasse Briekäse
- Meersalz und schwarzer Pfeffer nach Geschmack
- 4 Salatblätter
- 2 Fladenbrot, Vollkorn

Hinweise:

Das Olivenöl in einer Pfanne bei mittlerer Hitze erhitzen. Schalotte und grüne Paprika dazugeben, fünf Minuten kochen lassen und dabei häufig umrühren.

Nehmen Sie eine Schüssel und schlagen Sie die Eier, bestreuen Sie sie mit Salz und Pfeffer. Stellen Sie sicher, dass die Eier gut geschlagen sind. Legen Sie die Eier in die Pfanne und mischen Sie dann den Schinken und den Käse unter. Gut umrühren und kochen, bis die Mischung eindickt. Die Brötchen halbieren und die Taschen öffnen. Auf jede Tasche einen Teelöffel Senf streuen und jeweils ein Salatblatt dazugeben. Die Eiermischung auf jeden aufteilen und servieren.

Nährwert (pro 100 g): Kalorien: 610 Kohlenhydrate: 21 g Fett: 10 g Protein: 807 g Natrium

Couscous zum Frühstück

Zubereitungszeit: 5 Minuten

Kochzeit: 15 Minuten

Portionen: 4

Schwierigkeit: mittel

Zutaten:

- 3 Tassen Milch, fettarm
- 1 Zweig Zimt
- 1/2 Tasse Aprikosen, getrocknet und gehackt
- 1/4 Tasse Johannisbeeren, getrocknet
- 1 Tasse Couscous, roh
- Eine Prise feines Meersalz
- 4 Teelöffel Butter, geschmolzen
- 6 Teelöffel brauner Zucker

Hinweise:

Eine Pfanne mit Milch und Zimt bei mittlerer bis hoher Hitze erhitzen. Drei Minuten kochen lassen, bevor die Pfanne vom Herd genommen wird.

Aprikosen, Couscous, Salz, Johannisbeeren und Zucker hinzufügen. Gut vermischen und abdecken. Beiseite stellen und fünfzehn Minuten ruhen lassen.

Die Zimtstange wegwerfen und auf die Schüsseln verteilen. Vor dem Servieren mit braunem Zucker bestreuen.

Nährwert (pro 100 g): Kalorien: 520 Kohlenhydrate: 39 g Fett: 28 g Protein: 619 g Natrium

Pfirsichsalat zum Frühstück

Zubereitungszeit: 10 Minuten

Kochzeit: 0 Minuten

Portionen: 1

Schwierigkeit: Einfach

Zutaten:

- 1/4 Tasse Walnüsse, gehackt und geröstet
- 1 Teelöffel Honig, roh
- 1 Pfirsich, entkernt und in Scheiben geschnitten
- 1/2 Tasse Hüttenkäse, fettfrei und zimmerwarm
- 1 Esslöffel Minze, frisch und gehackt
- 1 Zitrone, Schale

Hinweise:

Den Ricotta in eine Schüssel geben und mit Pfirsichscheiben und Walnüssen dekorieren. Mit Honig würzen und mit Minze garnieren.

Unmittelbar vor dem Servieren mit Zitronenschale bestreuen.

Nährwert (pro 100 g): Kalorien: 280 Kohlenhydrate: 11 g Fett: 19 g Protein: 527 g Natrium: 39 g

Gesalzene Haferflocken

Zubereitungszeit: 10 Minuten
Kochzeit: 10 Minuten
Portionen: 2
Schwierigkeit: Einfach

Zutaten:

- 1/2 Tasse Haferflocken
- 1 Tasse Wasser
- 1 Tomate, groß und gehackt
- 1 Gurke, gehackt
- 1 Esslöffel Olivenöl
- Meersalz und schwarzer Pfeffer nach Geschmack
- Glattblättrige Petersilie, gehackt zum Garnieren
- Parmesan, fettarm und frisch gerieben

Hinweise:

Haferflocken und eine Tasse Wasser in einem Topf bei starker Hitze kochen. Häufig umrühren, bis das Wasser vollständig absorbiert ist. Dies dauert etwa fünfzehn Minuten. Auf zwei Schüsseln verteilen und die Tomaten und Gurken hinzufügen. Olivenöl darübergießen und mit Parmesan garnieren. Vor dem Servieren mit Petersilie garnieren.

Nährwert (pro 100 g): Kalorien: 408 Kohlenhydrate: 13 g Fett: 10 g Protein: 825 g Natrium: 28 g

Tahini und Apfeltoast

Zubereitungszeit: 15 Minuten

Kochzeit: 0 Minuten

Portionen: 1

Schwierigkeit: Einfach

Zutaten:

- 2 Esslöffel Tahini
- 2 Scheiben geröstetes Vollkornbrot
- 1 Teelöffel Honig, roh
- 1 Apfel, klein, entkernt und in dünne Scheiben geschnitten

Hinweise:

Verteilen Sie zunächst das Tahini auf dem Toast und legen Sie dann die Äpfel darauf. Vor dem Servieren mit Honig beträufeln.

Nährwert (pro 100 g): Kalorien: 366 Kohlenhydrate: 29 g Fett: 13 g Protein: 686 mg Natrium

Basilikum-Rührei

Zubereitungszeit: 5 Minuten
Kochzeit: 10 Minuten
Portionen: 2
Schwierigkeit: Einfach

Zutaten:

- 4 Eier, groß
- 2 Esslöffel frisches Basilikum, fein gehackt
- 2 Esslöffel Gruyère-Käse, gerieben
- 1 Löffel Sahne
- 1 Esslöffel Olivenöl
- 2 Knoblauchzehen, fein gehackt
- Meersalz und schwarzer Pfeffer nach Geschmack

Hinweise:

Nehmen Sie eine große Schüssel und verquirlen Sie Basilikum, Käse, Sahne und Eier. Schlagen, bis alles gut vermischt ist. Stellen Sie eine große Pfanne auf mittlere bis niedrige Hitze und erhitzen Sie das Öl. Den Knoblauch hinzufügen und eine Minute kochen lassen. Es muss golden sein.

Gießen Sie die Eiermischung in der Pfanne über den Knoblauch und rühren Sie während des Kochens weiter, damit er weich und locker wird. Gut würzen und heiß servieren.

Nährwert (pro 100 g): Kalorien: 360 Kohlenhydrate: 14 g Fett: 8 g Protein: 545 g Natrium: 29 g

Griechische Kartoffeln und Eier

Zubereitungszeit: 10 Minuten

Kochzeit: 30 Minuten

Portionen: 2

Schwierigkeit: Einfach

Zutaten:

- 3 Tomaten, entkernt und grob gehackt
- 2 Esslöffel Basilikum, frisch und gehackt
- 1 Knoblauchzehe, fein gehackt
- 2 Esslöffel + ½ Tasse Olivenöl, geteilt
- Meersalz und schwarzer Pfeffer nach Geschmack
- 3 große russische Kartoffeln
- 4 Eier, groß
- 1 Teelöffel Oregano, frisch und gehackt

Hinweise:

Nehmen Sie die Küchenmaschine, geben Sie die Tomaten hinein und vermischen Sie sie mit der Schale.

Den Knoblauch, zwei Esslöffel Öl, Salz, Pfeffer und Basilikum hinzufügen. Mischen, bis alles gut vermischt ist. Geben Sie diese Mischung in eine Pfanne und kochen Sie sie zugedeckt zwanzig bis fünfundzwanzig Minuten lang bei schwacher Hitze. Ihre Soße sollte dick und sprudelnd sein.

Die Kartoffeln würfeln und dann in einer Pfanne mit einer halben Tasse Olivenöl in einer Pfanne bei mittlerer bis niedriger Hitze erhitzen.

Braten Sie die Kartoffeln, bis sie knusprig und goldbraun sind. Dies sollte fünf Minuten dauern, also decken Sie die Pfanne ab und reduzieren Sie die Hitze auf eine niedrige Stufe. Dämpfen Sie sie, bis die Kartoffeln fertig sind.

Die Eier in die Tomatensauce geben und bei schwacher Hitze sechs Minuten kochen lassen. Ihre Eier sollten fest werden.

Nehmen Sie die Kartoffeln aus der Pfanne und lassen Sie sie mit Papiertüchern abtropfen. Geben Sie sie in eine Schüssel. Mit Salz, Pfeffer und Oregano bestreuen und die Eier zu den Kartoffeln servieren. Die Sauce mit der Mischung beträufeln und heiß servieren.

Nährwert (pro 100 g): Kalorien: 348 Kohlenhydrate: 12 g Fett: 7 g Protein: 469 g Natrium: 27 g

Avocado-Honig-Smoothie

Zubereitungszeit: 5 Minuten

Kochzeit: 0 Minuten

Portionen: 2

Schwierigkeit: Einfach

Zutaten:

- 1,5 Tassen Sojamilch
- 1 Avocado, groß
- 2 Esslöffel Honig, roh

Hinweise:

Alle Zutaten vermischen, glatt rühren und sofort servieren.

Nährwert (pro 100 g): Kalorien: 280 Kohlenhydrate: 19 g Fett: 11 g Protein: 547 g Natrium: 30 g

Gemüseomelett

Zubereitungszeit: 5 Minuten

Kochzeit: 10 Minuten

Portionen: 2

Schwierigkeit: Einfach

Zutaten:

- 1/2 Babyaubergine, geschält und gewürfelt
- 1 Handvoll Babyspinatblätter
- 1 Esslöffel Olivenöl
- 3 Eier, groß
- 1 Teelöffel Mandelmilch
- 1 Unze Ziegenkäse, zerbröckelt
- 1/4 kleine rote Paprika, gehackt
- Meersalz und schwarzer Pfeffer nach Geschmack

Hinweise:

Erhitzen Sie zunächst den Grill im Ofen und verquirlen Sie dann die Eier mit der Mandelmilch. Stellen Sie sicher, dass alles gut vermischt ist, und nehmen Sie dann eine beschichtete Pfanne heraus. Bei mittlerer bis hoher Hitze erhitzen und dann Olivenöl hinzufügen.

Wenn das Öl heiß ist, fügen Sie die Eier hinzu. Den Spinat in einer gleichmäßigen Schicht auf dieser Mischung verteilen und das restliche Gemüse dazugeben.

Die Hitze auf mittlere Stufe reduzieren und mit Salz und Pfeffer bestreuen. Lassen Sie das Gemüse und die Eier fünf Minuten kochen. Die untere Hälfte der Eier sollte fest und das Gemüse zart sein. Den Ziegenkäse dazugeben und auf der mittleren Schiene 3-5 Minuten grillen. Die Eier müssen vollständig fertig sein und der Käse muss geschmolzen sein. In Würfel schneiden und heiß servieren.

Nährwert (pro 100 g): Kalorien: 340 Kohlenhydrate: 16 g Fett: 9 g Protein: 748 g Natrium: 37 g

Mini-Salatbrötchen

Zubereitungszeit: 15 Minuten

Kochzeit: 0 Minuten

Portionen: 4

Schwierigkeit: Einfach

Zutaten:

- 1 Gurke, gewürfelt
- 1 rote Zwiebel, in Scheiben geschnitten
- 1 Unze fettarmer, zerbröselter Feta-Käse
- 1 Zitrone, gepresst
- 1 gewürfelte Tomate
- 1 Esslöffel Olivenöl
- 12 kleine Blätter Eisbergsalat
- Meersalz und schwarzer Pfeffer nach Geschmack

Hinweise:

Tomate, Zwiebel, Feta-Käse und Gurke in einer Schüssel vermischen. Öl und Saft vermischen und mit Salz und Pfeffer würzen.

Füllen Sie jedes Blatt mit der Gemüsemischung und rollen Sie es fest auf. Zum Servieren mit einem Zahnstocher zusammenhalten.

Nährwert (pro 100 g): Kalorien: 291 Kohlenhydrate: 10 g Fett: 9 g Protein: 655 g Natrium: 27 g

Apfel-Cous-Cous mit Curry

Zubereitungszeit: 20 Minuten
Kochzeit: Fünf Minuten
Portionen: 4
Schwierigkeit: mittel

Zutaten:

- 2 Teelöffel Olivenöl
- 2 Lauchstangen, nur die weißen Teile, in Scheiben geschnitten
- 1 gewürfelter Apfel
- 2 Esslöffel Currypulver
- 2 Tassen Couscous, gekocht und ganz
- 1/2 Tasse gehackte Pekannüsse

Hinweise:

Das Öl in einer Pfanne bei mittlerer Hitze erhitzen. Den Lauch hinzufügen und kochen, bis er weich ist. Dies dauert fünf Minuten. Den Apfel dazugeben und weich kochen.

Curry und Couscous dazugeben und gut vermischen. Vom Herd nehmen und die Walnüsse unmittelbar vor dem Servieren hinzufügen.

Nährwert (pro 100 g): Kalorien: 330 Kohlenhydrate: 30 g Fett: 8 g Protein: 824 mg Natrium: 12 g

Lammflan und Gemüse

Zubereitungszeit: 20 Minuten

Kochzeit: 1 Stunde und 10 Minuten

Portionen: 8

Schwierigkeit: mittel

Zutaten:

- 1/4 Tasse Olivenöl
- 1 Pfund mageres Lammfleisch, ohne Knochen und in ½-Zoll-Stücke geschnitten
- 2 große rote Kartoffeln, geschrubbt und gewürfelt
- 1 Zwiebel, grob gehackt
- 2 Knoblauchzehen, fein gehackt
- 28 Gramm gehackte Tomaten mit Flüssigkeit, aus der Dose und ohne Salz
- 2 Zucchini, in ½-Zoll-Scheiben geschnitten
- 1 rote Paprika, entkernt und in 2,5 cm große Würfel geschnitten
- 2 Esslöffel glatte Petersilie, gehackt
- 1 Esslöffel Paprika
- 1 Teelöffel Thymian
- 1/2 Teelöffel Zimt
- 1/2 Glas Rotwein
- Meersalz und schwarzer Pfeffer nach Geschmack

Hinweise:

Schalten Sie zunächst den Ofen auf 325 °C ein und holen Sie dann eine große Auflaufform heraus. Bei mittlerer bis hoher Hitze das Olivenöl erhitzen. Wenn das Öl heiß ist, nehmen Sie das Lamm heraus und braten Sie das Fleisch an. Dabei häufig umrühren, damit es nicht aufschwimmt, dann das Lammfleisch in einen Bräter legen. Knoblauch, Zwiebeln und Kartoffeln in der Pfanne anbraten, bis sie weich sind. Dies sollte weitere fünf bis sechs Minuten dauern. Geben Sie sie ebenfalls in die Pfanne. Kürbis, Paprika und Tomaten mit den Kräutern und Gewürzen in der Pfanne vermischen. Lassen Sie es weitere zehn Minuten kochen, bevor Sie es in die Pfanne gießen. Den Wein und die Pfeffersauce hinzufügen. Die Tomate dazugeben und dann mit Alufolie abdecken. Eine Stunde kochen lassen. Nehmen Sie während der letzten fünfzehn Minuten des Garvorgangs den Deckel ab und passen Sie die Gewürze nach Bedarf an.

Nährwert (pro 100 g): Kalorien: 240 Kohlenhydrate: 14 g Fett: 8 g Protein: 427 g Natrium: 36 g

Flunder mit Kräutern

Zubereitungszeit: 20 Minuten

Kochzeit: 1 Stunde und 5 Minuten

Portionen: 4

Schwierigkeit: mittel

Zutaten:

- 1/2 Tasse glatte Petersilie, leicht gepackt
- 1/4 Tasse Olivenöl
- 4 Knoblauchzehen, geschält und halbiert
- 2 Esslöffel frischer Rosmarin
- 2 Esslöffel frische Thymianblätter
- 2 Esslöffel Salbei, frisch
- 2 Esslöffel Zitronenschale, frisch
- 4 Flunderfilets
- Meersalz und schwarzer Pfeffer nach Geschmack

Hinweise:

Heizen Sie den Ofen auf 350 Grad vor und geben Sie dann alle Zutaten außer Flunder in die Küchenmaschine. Mischen, bis eine Nusspaste entsteht. Legen Sie die Steaks in eine Backform und bestreichen Sie sie mit den Nudeln. Lassen Sie sie eine Stunde lang im Kühlschrank ruhen. Zehn Minuten backen. Mit Salz würzen und heiß servieren.

Nährwert (pro 100 g): Kalorien: 307 Kohlenhydrate: 34 g Fett: 11 g Protein: 824 mg Natrium

Blumenkohl-Quinoa

Zubereitungszeit: 15 Minuten
Kochzeit: 10 Minuten
Portionen: 4
Schwierigkeit: Einfach

Zutaten:

- 1 1/2 Tassen Quinoa, gekocht
- 3 Esslöffel Olivenöl
- 3 Tassen Blumenkohlröschen
- 2 Frühlingszwiebeln, gehackt
- 1 Esslöffel Rotweinessig
- Meersalz und schwarzer Pfeffer nach Geschmack
- 1 Esslöffel Rotweinessig
- 1 Esslöffel gehackter Schnittlauch
- 1 Esslöffel gehackte Petersilie

Hinweise:

Erhitzen Sie zunächst eine Pfanne bei mittlerer bis hoher Hitze. Fügen Sie Ihr Öl hinzu. Wenn das Öl heiß ist, die Frühlingszwiebeln dazugeben und ca. 3 Min. anbraten. zwei Minuten Quinoa und Blumenkohl hinzufügen, dann die restlichen Zutaten hinzufügen.

Gut vermischen und abdecken. Neun Minuten bei mittlerer Hitze kochen und zum Servieren auf Teller verteilen.

Nährwert (pro 100 g): Kalorien: 290 Kohlenhydrate: 26 g Fett: 14 g Protein: 656 mg Natrium

Mango-Birnen-Smoothie

Zubereitungszeit: 5 Minuten
Kochzeit: 0 Minuten
Portionen: 1
Schwierigkeit: Einfach

Zutaten:

- 2 Eiswürfel
- ½ Tasse griechischer Naturjoghurt
- ½ Mango, geschält, entkernt und gehackt
- 1 Tasse Grünkohl, gehackt
- 1 Birne, reif, geschält und gehackt

Hinweise:

Mischen, bis die Mischung dick und glatt ist. Kalt servieren.

Nährwert (pro 100 g): Kalorien: 350 Kohlenhydrate: 40 g Fett: 12 g Protein: 457 mg Natrium: 12 g

Spinat-Omelett

Zubereitungszeit: 10 Minuten
Kochzeit: 20 Minuten
Portionen: 4
Schwierigkeit: Einfach

Zutaten:

- 3 Esslöffel Olivenöl
- 1 Zwiebel, klein und gehackt
- 1 Knoblauchzehe, fein gehackt
- 4 große Tomaten, geschält und gehackt
- 1 Teelöffel Meersalz, fein
- 8 geschlagene Eier
- ¼ Teelöffel schwarzer Pfeffer
- 2 Gramm Feta-Käse, zerbröselt
- 1 Esslöffel glatte Petersilie, frisch und gehackt

Hinweise:

Heizen Sie den Ofen auf 400 Grad vor und gießen Sie das Olivenöl in eine ofenfeste Form. Stellen Sie die Pfanne auf hohe Hitze und fügen Sie die Zwiebel hinzu. Fünf bis sieben Minuten kochen lassen. Ihre Zwiebel sollte weich sein.

Tomaten, Salz, Pfeffer und Knoblauch hinzufügen. Dann weitere fünf Minuten kochen lassen und die geschlagenen Eier hinzufügen. Leicht umrühren und 3-5 Minuten kochen lassen. Sie sollten unten platziert werden. Stellen Sie die Pfanne in den Ofen und lassen Sie sie weitere fünf Minuten kochen. Aus dem Ofen nehmen, mit Petersilie und Fetakäse dekorieren. Heiß servieren.

Nährwert (pro 100 g): Kalorien: 280 Kohlenhydrate: 31 g Fett: 19 g Protein: 625 mg Natrium

Mandel-Pfannkuchen

Zubereitungszeit: 15 Minuten
Kochzeit: 15 Minuten
Portionen: 6
Schwierigkeit: Einfach

Zutaten:

- 2 Tassen Mandelmilch, ohne Zucker und bei Zimmertemperatur
- 2 Eier, groß und zimmerwarm
- ½ Tasse Kokosöl, geschmolzen + mehr zum Einfetten
- 2 Teelöffel Honig, roh
- ¼ Teelöffel Meersalz, fein
- ½ Teelöffel Backpulver
- 1 ½ Tassen Vollkornmehl
- ½ Tasse Mandelmehl
- 1,5 Teelöffel Backpulver
- ¼ Teelöffel gemahlener Zimt

Hinweise:

Nehmen Sie eine große Schüssel und verrühren Sie Kokosöl, Eier, Mandelmilch und Honig, bis alles gut vermischt ist.

Nehmen Sie eine mittelgroße Schüssel und sieben Sie Backpulver, Natron, Mandelmehl, Meersalz, Vollkornmehl und Zimt zusammen. Gut mischen.

Die Mehlmischung zur Milchmischung geben und gut verrühren.

Nehmen Sie eine große Bratpfanne und bestreichen Sie sie mit Kokosöl, bevor Sie sie auf mittlere bis hohe Hitze stellen. ½ Tasse Pfannkuchenteig hinzufügen.

Drei Minuten kochen lassen oder bis die Ränder fest sind. Der Boden des Pfannkuchens sollte goldbraun sein und die Blasen sollten an der Oberfläche aufplatzen. Von beiden Seiten anbraten.

Reinigen Sie die Pfanne und wiederholen Sie den Vorgang, bis der gesamte Teig aufgebraucht ist. Fetten Sie die Pfanne unbedingt noch einmal ein und garnieren Sie sie nach Belieben mit frischem Obst.

Nährwert (pro 100 g): Kalorien: 205 Kohlenhydrate: 16 g Fett: 9 g Protein: 828 g Natrium: 36 g

Quinoa-Obstsalat

Zubereitungszeit: 25 Minuten

Kochzeit: 0 Minuten

Portionen: 4

Schwierigkeit: Einfach

Zutaten:

- 2 Esslöffel Honig, roh
- 1 Tasse Erdbeeren, frisch und in Scheiben geschnitten
- 2 Esslöffel Limettensaft, frisch
- 1 Teelöffel Basilikum, frisch und gehackt
- 1 Tasse Quinoa, gekocht
- 1 Mango, geschält, entkernt und gewürfelt
- 1 Tasse Brombeeren, frisch
- 1 Pfirsich, geschält und gewürfelt
- 2 Kiwis, geschält und geviertelt

Hinweise:

Beginnen Sie damit, Limettensaft, Basilikum und Honig in einer kleinen Schüssel zu vermischen. Erdbeeren, Quinoa, Brombeeren, Pfirsiche, Kiwi und Mango in einer anderen Schüssel vermischen. Fügen Sie die Honigmischung hinzu und vermengen Sie sie vor dem Servieren.

Nährwert (pro 100 g): Kalorien: 159 Kohlenhydrate: 12 g Fett: 9 g Protein: 829 g Natrium: 29 g

Erdbeer-Rhabarber-Smoothie

Zubereitungszeit: 8 Minuten

Kochzeit: 0 Minuten

Portionen: 1

Schwierigkeit: Einfach

Zutaten:

- 1 Tasse Erdbeeren, frisch und in Scheiben geschnitten
- 1 Stange Rhabarber, gehackt
- 2 Esslöffel Honig, roh
- 3 Eiswürfel
- 1/8 Teelöffel gemahlener Zimt
- ½ Tasse griechischer Naturjoghurt

Hinweise:

Nehmen Sie zunächst einen kleinen Topf heraus und füllen Sie ihn mit Wasser. Bei starker Hitze zum Kochen bringen, dann den Rhabarber hinzufügen. Drei Minuten kochen lassen, dann abgießen und in einen Mixer geben.

Joghurt, Honig, Zimt und Erdbeeren in den Mixer geben. Wenn es glatt ist, fügen Sie das Eis hinzu. Mischen, bis keine Klümpchen mehr vorhanden sind und eine dicke Masse entsteht. Genießen Sie die Kälte.

Nährwert (pro 100 g): Kalorien: 201 Kohlenhydrate: 39 g Fett: 11 g Protein: 657 mg Natrium

Gerstenbrei

Zubereitungszeit: 10 Minuten
Kochzeit: 20 Minuten
Portionen: 4
Schwierigkeit: Einfach

Zutaten:

- 1 Tasse Weizenbeeren
- 1 Tasse Gerste
- 2 Tassen Mandelmilch, ungesüßt + mehr zum Servieren
- ½ Tasse Blaubeeren
- ½ Tasse Granatapfelkerne
- 2 Tassen Wasser
- ½ Tasse Haselnüsse, geröstet und gehackt
- ¼ Tasse Honig, roh

Hinweise:

Nehmen Sie einen Topf, stellen Sie ihn auf mittlere bis hohe Hitze und geben Sie dann Mandelmilch, Wasser, Gerste und Weizenbeeren hinzu. Zum Kochen bringen, dann die Hitze reduzieren und fünfundzwanzig Minuten kochen lassen. Oft umrühren. Ihre Bohnen sollten zart sein.

Belegen Sie jede Portion mit Blaubeeren, Granatapfelkernen, Haselnüssen, einem Löffel Honig und einem Schuss Mandelmilch.

Nährwert (pro 100 g): Kalorien: 150 Kohlenhydrate: 29 g Fett: 9 g Protein: 546 mg Natrium: 10 g

Kürbis-Lebkuchen-Smoothie

Zubereitungszeit: 15 Minuten

Kochzeit: 50 Minuten

Portionen: 1

Schwierigkeit: Einfach

Zutaten:

- 1 Tasse Mandelmilch, ungesüßt
- 2 Teelöffel Chiasamen
- 1 Banane
- ½ Tasse Kürbispüree aus der Dose
- ¼ Teelöffel gemahlener Ingwer
- ¼ Teelöffel gemahlener Zimt
- 1/8 Teelöffel Muskatnuss, gemahlen

Hinweise:

Nehmen Sie zunächst eine Schüssel heraus und vermischen Sie die Chai-Samen und die Mandelmilch. Lassen Sie sie mindestens eine Stunde einweichen, Sie können sie aber auch über Nacht einweichen. Übertragen Sie sie in einen Mixer.

Die restlichen Zutaten hinzufügen und glatt rühren. Kalt servieren.

Nährwert (pro 100 g): Kalorien: 250 Kohlenhydrate: 26 g Fett: 13 g Protein: 621 mg Natrium

Grüner Saft

Zubereitungszeit: 5 Minuten

Kochzeit: 0 Minuten

Portionen: 1

Schwierigkeit: Einfach

Zutaten:

- 3 Tassen dunkelgrünes Blattgemüse
- 1 Gurke
- ¼ Tasse frische italienische Petersilie
- ¼ Ananas, gewürfelt
- ½ grüner Apfel
- ½ Orange
- ½ Zitrone
- Eine Prise frisch geriebener Ingwer

Hinweise:

Mit einer Saftpresse Gemüse, Gurke, Petersilie, Ananas, Apfel, Orange, Zitrone und Ingwer pürieren, in eine große Schüssel füllen und servieren.

Nährwert (pro 100 g): Kalorien: 200 Kohlenhydrate: 14 g Fett: 6 g Protein: 541 g Natrium: 27 g

Smoothie mit Trockenfrüchten und Datteln

Zubereitungszeit: 10 Minuten

Kochzeit: 0 Minuten

Portionen: 2

Schwierigkeit: Einfach

Zutaten:

- 4 Datteln mit Löchern
- ½ Tasse Milch
- 2 Tassen griechischer Naturjoghurt
- 1/2 Tasse Walnüsse
- ½ Teelöffel Zimt, gemahlen
- ½ Teelöffel Vanilleextrakt, rein
- 2-3 Eiswürfel

Hinweise:

Alles glatt rühren und kalt servieren.

Nährwert (pro 100 g): Kalorien: 109 Kohlenhydrate: 29 g Fett: 11 g Protein: 732 mg Natrium

Fruchtsmoothie

Zubereitungszeit: 5 Minuten

Kochzeit: 0 Minuten

Portionen: 2

Schwierigkeit: Einfach

Zutaten:

- 2 Tassen Blaubeeren
- 2 Tassen ungesüßte Mandelmilch
- 1 Tasse zerstoßenes Eis
- ½ Teelöffel gemahlener Ingwer

Hinweise:

Blaubeeren, Mandelmilch, Eis und Ingwer in einen Mixer geben. Alles glatt rühren.

Nährwert (pro 100 g): Kalorien: 115 Kohlenhydrate: 10 g Fett: 5 g Protein: 912 g Natrium: 27 g

Schokoladen-Bananen-Smoothie

Zubereitungszeit: 5 Minuten

Kochzeit: 0 Minuten

Portionen: 2

Schwierigkeit: Einfach

Zutaten:

- 2 geschälte Bananen
- 1 Tasse Magermilch
- 1 Tasse zerstoßenes Eis
- 3 Esslöffel ungesüßtes Kakaopulver
- 3 Löffel Honig

Hinweise:

In einem Mixer Bananen, Mandelmilch, Eis, Kakaopulver und Honig vermischen. Mischen, bis eine homogene Mischung entsteht.

Nährwert (pro 100 g): Kalorien: 150 Kohlenhydrate: 30 g Fett: 6 g Protein: 821 mg Natrium: 18 g

Joghurt mit Blaubeeren, Honig und Minze

Zubereitungszeit: 5 Minuten

Kochzeit: 0 Minuten

Portionen: 2

Schwierigkeit: Einfach

Zutaten:

- 2 Tassen ungesüßter, fettfreier griechischer Joghurt
- 1 Tasse Blaubeeren
- 3 Löffel Honig
- 2 Esslöffel gehackte frische Minzblätter

Hinweise:

Den Joghurt auf 2 Schüsseln verteilen. Mit Blaubeeren, Honig und Minze belegen.

Nährwert (pro 100 g): Kalorien: 126 Kohlenhydrate: 37 g Fett: 8 g Protein: 932 mg Natrium: 12 g

Parfait mit Obst und Joghurt

Zubereitungszeit: 5 Minuten

Kochzeit: 0 Minuten

Portionen: 2

Schwierigkeit: Einfach

Zutaten:

- 1 Tasse Himbeeren
- 1½ Tassen ungesüßter, fettfreier griechischer Joghurt
- 1 Tasse Brombeeren
- ¼ Tasse gehackte Walnüsse

Hinweise:

Himbeeren, Joghurt und Brombeeren in 2 Schüsseln stapeln. Über die Walnüsse streuen.

Nährwert (pro 100 g): Kalorien: 119 Kohlenhydrate: 28 g Fett: 13 g Protein: 732 mg Natrium

Haferflocken mit Beeren und Sonnenblumenkernen

Zubereitungszeit: 5 Minuten
Kochzeit: 10 Minuten
Portionen: 4
Schwierigkeit: Einfach

Zutaten:

- 1 Tasse Wasser
- ½ Tasse ungesüßte Mandelmilch
- eine Prise Salz
- 1 Tasse alte Haferflocken
- ½ Tasse Blaubeeren
- ½ Tasse Himbeeren
- ¼ Tasse Sonnenblumenkerne

Hinweise:

Wasser mit Mandelmilch und Meersalz in einem mittelgroßen Topf bei mittlerer bis hoher Hitze zum Kochen bringen.

Fügen Sie die Haferflocken hinzu. Reduzieren Sie die Hitze auf mittlere bis niedrige Stufe und rühren Sie weiter und kochen Sie 5 Minuten lang. Abdecken und die Haferflocken noch 2 Minuten ruhen lassen. Umrühren und mit Blaubeeren, Himbeeren und Sonnenblumenkernen servieren.

Nährwert (pro 100 g): Kalorien: 106 Kohlenhydrate: 9 g Fett: 8 g Protein: 823 g Natrium: 29 g

Tolle schnelle Mandel- und Ahornsorte

Zubereitungszeit: 5 Minuten

Kochzeit: 10 Minuten

Portionen: 4

Schwierigkeit: Einfach

Zutaten:

- 1 ½ Tassen Wasser
- ½ Tasse ungesüßte Mandelmilch
- eine Prise Salz
- ½ Tasse Schnellkochgrieß
- ½ Teelöffel Zimtpulver
- ¼ Tasse reiner Ahornsirup
- ¼ Tasse Mandelblättchen

Hinweise:

Geben Sie Wasser, Mandelmilch und Meersalz in einen mittelgroßen Topf bei mittlerer bis hoher Hitze und warten Sie, bis es kocht.

Unter ständigem Rühren mit einem Holzlöffel die Körner langsam hinzufügen. Rühren Sie weiter, um Klumpen zu vermeiden, und bringen Sie die Mischung zum Kochen. Reduzieren Sie die Hitze auf mittel-niedrig. Unter regelmäßigem Rühren einige Minuten köcheln lassen, bis das Wasser vollständig aufgesogen ist. Zimt, Sirup und Mandeln untermischen. Unter Rühren noch 1 Minute kochen lassen.

Nährwert (pro 100 g): Kalorien: 126 Kohlenhydrate: 10 g Fett: 7 g Protein: 85 g Natrium: 28 g

Bananen-Haferflocken

Zubereitungszeit: 10 Minuten

Kochzeit: 10 Minuten

Portionen: 2

Schwierigkeit: Einfach

Zutaten:

- 1 Banane, geschält und in Scheiben geschnitten
- ¾ c. Mandelmilch
- ½ Tasse kalter Kaffee
- 2 Datteln mit Löchern
- 2 Esslöffel. Kakaopulver
- 1 c. Haferflocken
- 1,5 Esslöffel. Chiasamen

Hinweise:

Mit einem Mixer alle Zutaten hinzufügen. 5 Minuten gut durcharbeiten und servieren.

Nährwert (pro 100 g): Kalorien: 288 Kohlenhydrate: 4,4 g Fett: 10 g Protein: 733 g Natrium

Sandwiches zum Frühstück

Zubereitungszeit: 5 Minuten
Kochzeit: 20 Minuten
Portionen: 4
Schwierigkeit: Einfach

Zutaten:

- 4 Mehrkorn-Sandwiches
- 4 Esslöffel. Olivenöl
- 4 Eier
- 1 Esslöffel. Rosmarin, frisch
- 2 c. Babyspinatblätter, frisch
- 1 Tomate, in Scheiben geschnitten
- 1 Esslöffel. Feta Käse
- Eine Prise koscheres Salz
- Gemahlener schwarzer Pfeffer

Hinweise:

Heizen Sie den Ofen auf 190 °C (375 °F) vor. Bestreichen Sie die Seiten dünner Abschnitte mit 2 TL. Olivenöl und legen Sie sie auf ein Backblech. 5 Minuten unter Rühren braten, bis die Ränder leicht gebräunt sind.

Den Rest des Olivenöls und den Rosmarin in eine Pfanne geben und bei starker Hitze erhitzen. Brechen Sie die ganzen Eier auf und legen Sie sie einzeln in die Pfanne. Das Eigelb sollte noch flüssig sein, aber das Eiweiß sollte fest sein.

Das Eigelb mit einem Spatel knacken. Drehen Sie das Ei um und kochen Sie es auf der anderen Seite, bis es gar ist. Die Eier vom Herd nehmen. Die gerösteten Sandwichscheiben auf 4 separaten Tellern anrichten. Göttlicher Spinat unter den Subtilen.

Jeweils dünn mit zwei Tomatenscheiben, einem hartgekochten Ei und 1 EL belegen. Feta Käse Nach Geschmack leicht mit Salz und Pfeffer bestreuen. Legen Sie die restlichen dünnen Sandwichhälften darauf und schon sind sie servierfertig.

Nährwert (pro 100 g): Kalorien: 241 Kohlenhydrate: 12,2 g Fett: 60,2 g Protein: 855 g Natrium: 21 g

Couscous am Morgen

Zubereitungszeit: 10 Minuten

Kochzeit: 8 Minuten

Portionen: 4

Schwierigkeit: mittel

Zutaten:

- 3 c. Magermilch
- 1 c. ganzer Couscous, roh
- 1 Zweig Zimt
- ½ Aprikose, gehackt, getrocknet
- ¼ c. Johannisbeeren, getrocknet
- 6 Esslöffel. brauner Zucker
- ¼ EL. Salz
- 4 Esslöffel. geschmolzene Butter

Hinweise:

Nehmen Sie einen großen Topf, vermischen Sie die Milch und die Zimtstange und erhitzen Sie sie bei mittlerer Hitze. 3 Minuten lang erhitzen oder bis sich an den Rändern der Pfanne Mikroblasen bilden. Du kochst nicht Vom Herd nehmen, Couscous, Aprikosen, Johannisbeeren, Salz und 4 Teelöffel hinzufügen. brauner Zucker Die Mischung abdecken und 15 Minuten ruhen lassen. Entfernen Sie die Zimtstange und werfen Sie sie weg. Den Couscous auf 4 Schüsseln verteilen und jeweils 1 EL darauf verteilen. geschmolzene Butter und ½ TL. brauner Zucker Fertig zum Servieren.

Nährwert (pro 100 g): Kalorien: 306 Kohlenhydrate: 6 g Fett: 5 g Protein: 9 g Natrium: 944 mg

Avocado-Apfel-Smoothie

Zubereitungszeit: 5 Minuten

Kochzeit: 0 Minuten

Portionen: 2

Schwierigkeit: Einfach

Zutaten:

- 3 c. Spinat
- 1 entkernter grüner Apfel, gehackt
- 1 Avocado, ausgehöhlt, geschält und gehackt
- 3 Esslöffel. Chiasamen
- 1 Teelöffel Honig
- 1 gefrorene Banane, geschält
- 2 c. Kokosmilch

Hinweise:

Benutzen Sie den Mixer und fügen Sie alle Zutaten hinzu. 5 Minuten lang gut verrühren, bis eine glatte Konsistenz entsteht, und in einem Glas servieren.

Nährwert (pro 100 g): Kalorien: 208 Kohlenhydrate: 10 g Fett: 6 g Protein: 924 mg Natrium

Mini-Tortilla

Zubereitungszeit: 10 Minuten
Kochzeit: 20 Minuten
Portionen: 8
Schwierigkeit: Einfach

Zutaten:

- 1 gelbe Zwiebel, gehackt
- 1 c. Geriebener Parmesankäse
- 1 gehackte gelbe Paprika
- 1 gehackte rote Paprika
- 1 gehackte Zucchini
- Salz und schwarzer Pfeffer
- Ein Spritzer Olivenöl
- 8 geschlagene Eier
- 2 Esslöffel. gehackten Schnittlauch

Hinweise:

Stellen Sie eine Bratpfanne auf mittlere bis hohe Hitze. Zum Erhitzen Öl hinzufügen. Alle Zutaten bis auf den Schnittlauch und die Eier vermischen. Etwa 5 Minuten anbraten.

Die Eier in eine Muffinform geben und mit Schnittlauch dekorieren. Heizen Sie den Backofen auf 176 °C vor. Stellen Sie die Muffinform in den Ofen und backen Sie sie für ca. 10 Minuten. 10

Minuten Die Eier auf einem Teller mit dem sautierten Gemüse servieren.

Nährwert (pro 100 g): Kalorien: 55 Kohlenhydrate: 3 g Fett: 0,7 g Protein: 844 mg Natrium: 9 g

Haferflocken aus sonnengetrockneten Tomaten

Zubereitungszeit: 10 Minuten
Kochzeit: 25 Minuten
Portionen: 4
Schwierigkeit: Einfach

Zutaten:

- 3 c. Wasser
- 1 c. Mandelmilch
- 1 Esslöffel. Olivenöl
- 1 c. stahlgeschnittener Hafer
- ¼ c. gehackte Tomaten, in der Sonne getrocknet
- Eine Prise rote Paprikaflocken

Hinweise:

In einer Pfanne Wasser und Milch hinzufügen und verrühren. Auf mittlere Hitze stellen und kochen lassen. Bereiten Sie eine weitere Pfanne bei mittlerer bis hoher Hitze vor. Das Öl erhitzen und die Haferflocken dazugeben und 2 Minuten kochen lassen. Zusammen mit den Tomaten in die erste Pfanne geben und vermischen. Wir lassen es etwa 20 Minuten kochen. In Servierschüsseln füllen und mit Pfeffer garnieren. genießen

Nährwert (pro 100 g): Kalorien: 170 Kohlenhydrate: 17 g Fett: 1,5 g Protein: 645 mg Natrium

Eier auf Avocado

Zubereitungszeit: 5 Minuten

Kochzeit: 15 Minuten

Portionen: 6

Schwierigkeit: Einfach

Zutaten:

- 1 Teelöffel Knoblauchpulver
- ½ EL. Meersalz
- ¼ c. geriebener Parmesankäse
- ¼ EL. schwarzer Pfeffer
- 3 Avocados, halbiert
- 6 Eier

Hinweise:

Bereiten Sie die Muffinformen vor und heizen Sie den Ofen auf 176 °C vor. Teilen Sie die Avocado auf. Um sicherzustellen, dass das Ei in die Avocadohöhle passt, kratzen Sie leicht 1/3 des Fruchtfleisches ab.

Legen Sie die Avocado mit der Vorderseite nach oben in eine Muffinform. Jede Avocado gleichmäßig mit Pfeffer, Salz und Knoblauchpulver würzen. In jede Avocadohöhle ein Ei geben und die Oberseite mit Käse dekorieren. In den Ofen stellen, bis das Eiweiß fest ist, etwa 15 Minuten. Servieren und genießen.

Nährwert (pro 100 g): Kalorien: 252 Kohlenhydrate: 20 g Fett: 2 g Protein: 946 mg Natrium: 5 g

Brekky Egg: Kartoffelhasch

Zubereitungszeit: 10 Minuten

Kochzeit: 25 Minuten

Portionen: 2

Schwierigkeit: Einfach

Zutaten:

- 1 Zucchini, gewürfelt
- ½ c. Hühnersuppe
- 1/2 Pfund oder 220 g gekochtes Hähnchen
- 1 Esslöffel. Olivenöl
- 4 Unzen. oder 113 g Garnelen
- Salz und schwarzer Pfeffer
- 1 gewürfelte Süßkartoffel
- 2 Eier
- ¼ EL. Cayennepfeffer
- 2 Esslöffel. Knoblauchpulver
- 1 c. frischer Spinat

Hinweise:

Olivenöl in eine Pfanne geben. Garnelen, gekochtes Hähnchen und Süßkartoffeln 2 Minuten braten. Cayennepfeffer und Knoblauchpulver hinzufügen und 4 Minuten lang vermischen. Die Zucchini dazugeben und weitere 3 Minuten vermischen.

Die Eier in einer Schüssel verquirlen und in die Pfanne geben. Mit Salz und Pfeffer würzen. Mit dem Deckel abdecken. Noch 1 Minute kochen lassen und die Hühnerbrühe einrühren.

Abdecken und weitere 8 Minuten bei starker Hitze kochen lassen. Den Spinat hinzufügen, weitere 2 Minuten rühren und servieren.

Nährwert (pro 100 g): Kalorien: 198 Kohlenhydrate: 0,7 g Fett: 7 g Protein: 725 mg Natrium: 10 g

Tomaten-Basilikum-Suppe

Zubereitungszeit: 10 Minuten

Kochzeit: 25 Minuten

Portionen: 2

Schwierigkeit: mittel

Zutaten:

- 2 Esslöffel. Gemüsebrühe
- 1 Knoblauchzehe fein gehackt
- ½ c. weiße Zwiebel
- 1 Stange Sellerie, gehackt
- 1 gehackte Karotte
- 3 c. gehackte Tomaten
- Salz und Pfeffer
- 2 Lorbeerblätter
- 1 ½ c. ungesüßte Mandelmilch
- 1/3 c. Basilikumblätter

Hinweise:

Die Gemüsebrühe in einem großen Topf bei mittlerer Hitze zum Kochen bringen. Knoblauch und Zwiebel hinzufügen und 4 Minuten kochen lassen. Karotte und Sellerie hinzufügen. Noch 1 Minute kochen lassen.

Die Tomaten dazugeben und aufkochen lassen. 15 Minuten kochen lassen. Mandelmilch, Basilikum und Lorbeerblätter hinzufügen. Würzen und servieren.

Nährwert (pro 100 g): Kalorien: 213 Kohlenhydrate: 3,9 g Fett: 9 g Protein: 817 g Natrium: 11 g

Kürbis Hummus

Zubereitungszeit: 10 Minuten
Kochzeit: 15 Minuten
Portionen: 4
Schwierigkeit: Einfach

Zutaten:

- 2 Pfund oder 900 g kernloser Kürbis, geschält
- 1 Esslöffel. Olivenöl
- ¼ c. von Tahini
- 2 Esslöffel. Zitronensaft
- 2 gehackte Knoblauchzehen
- Salz und Pfeffer

Hinweise:

Den Ofen auf 148 °C (300 °F) vorheizen. Den Kürbis mit Olivenöl bestreichen. Auf ein Backblech legen und 15 Minuten im Ofen backen. Wenn der Kürbis gar ist, geben Sie ihn zusammen mit den restlichen Zutaten in eine Küchenmaschine.

Alles glatt rühren. Mit Karotte und Sellerie servieren. Für die spätere Verwendung vor Ort in einzelnen Behältern etikettieren und im Kühlschrank aufbewahren. Vor dem erneuten Erhitzen in der Mikrowelle auf Raumtemperatur erwärmen lassen.

Nährwert (pro 100 g): Kalorien: 115 Kohlenhydrate: 5,8 g Fett: 6,7 g Protein: 946 mg Natrium: 10 g

Schinkenmuffins

Zubereitungszeit: 10 Minuten

Kochzeit: 15 Minuten

Portionen: 6

Schwierigkeit: mittel

Zutaten:

- 9 Scheiben Schinken
- 1/3 c. gehackter Spinat
- ¼ c. zerbröckelter Feta-Käse
- ½ c. gehackte geröstete rote Paprika
- Salz und schwarzer Pfeffer
- 1,5 Esslöffel. Basilikumpesto
- 5 geschlagene Eier

Hinweise:

Eine Muffinform einfetten. Jeweils 1 ½ Scheiben Schinken zum Auslegen der Muffinformen verwenden. Mit Ausnahme von schwarzem Pfeffer, Salz, Pesto und Ei die restlichen Zutaten auf die Schinkenschalen verteilen. In einer Schüssel Pfeffer, Salz, Pesto und Ei verrühren. Die Pfeffermischung einfüllen. Stellen Sie den Ofen auf 400 F / 204 C ein und backen Sie ihn etwa 15 Minuten lang. Sofort servieren.

Nährwert (pro 100 g): Kalorien: 109 Kohlenhydrate: 6,7 g Fett: 1,8 g Protein: 386 mg Natrium

Dinkelsalat

Zubereitungszeit: 10 Minuten
Kochzeit: 0 Minuten
Portionen: 2
Schwierigkeit: Einfach

Zutaten:

- 1 Esslöffel. Olivenöl
- Salz und schwarzer Pfeffer
- 1 Bund Babyspinat, gehackt
- 1 Avocado, ausgehöhlt, geschält und gehackt
- 1 Knoblauchzehe fein gehackt
- 2 c. gekochter Dinkel
- ½ c. Kirschtomaten, gewürfelt

Hinweise:

Stellen Sie die Flamme auf mittlere Temperatur ein. Geben Sie das Öl in eine Pfanne und erhitzen Sie es. Die restlichen Zutaten hinzufügen. Kochen Sie die Mischung etwa 5 Minuten lang. Auf einen Servierteller legen und genießen.

Nährwert (pro 100 g): Kalorien: 157 Kohlenhydrate: 6 g Fett: 5,5 g Protein: 615 mg Natrium: 13,7 g

Blaubeeren und Datteln

Zubereitungszeit: 10 Minuten

Kochzeit: 20 Minuten

Portionen: 10

Schwierigkeit: Einfach

Zutaten:

- 12 entkernte Datteln, gehackt
- 1 Teelöffel Vanilleextrakt
- ¼ c. aus Honig
- ½ c. von Hafer
- ¾ c. getrocknete Preiselbeeren
- ¼ c. geschmolzenes Mandel-Avocadoöl
- 1 c. gehackte Nüsse, geröstet
- ¼ c. Kürbiskerne

Hinweise:

Alle Zutaten in einer Schüssel vermischen.

Ein Backblech mit Backpapier auslegen. Drücken Sie die Mischung in das Design. Für etwa 30 Minuten in den Gefrierschrank stellen. In 10 Quadrate schneiden und genießen.

Nährwert (pro 100 g): Kalorien: 263 Kohlenhydrate: 13,4 g Fett: 14,3 g Protein: 845 mg Natrium

Linsen-Cheddar-Omelett

Zubereitungszeit: 5 Minuten

Kochzeit: 17 Minuten

Portionen: 4

Schwierigkeit: Einfach

Zutaten:

- 1 gehackte rote Zwiebel
- 2 Esslöffel. Olivenöl
- 1 c. gekochte Süßkartoffeln, gehackt
- ¾ c. gehackter Schinken
- 4 geschlagene Eier
- ¾ c. gekochte Linsen
- 2 Esslöffel. griechischer Joghurt
- Salz und schwarzer Pfeffer
- ½ c. halbierte Kirschtomaten,
- ¾ c. geriebener Cheddar-Käse

Hinweise:

Stellen Sie die Hitze auf mittlere Hitze ein und stellen Sie eine Pfanne darauf. Zum Erhitzen Öl hinzufügen. Die Zwiebel dazugeben und etwa 2 Minuten bräunen lassen. Bis auf den Käse und das Ei die restlichen Zutaten hinzufügen und weitere 3 Minuten kochen lassen. Eier hinzufügen, mit Käse dekorieren. Zugedeckt weitere 10 Minuten garen.

Die Tortilla in Scheiben schneiden, in Schüsseln füllen und genießen.

Nährwert (pro 100 g): Kalorien: 274 Kohlenhydrate: 6 g Fett: 17,3 g Protein: 843 mg Natrium

Thunfisch-Sandwiches

Zubereitungszeit: 5 Minuten

Kochzeit: Fünf Minuten

Portionen: 2

Schwierigkeit: Einfach

Zutaten:

- 6 Unzen. oder 170 g Thunfisch aus der Dose, abgetropft und in Flocken geschnitten
- 1 Avocado, ausgehöhlt, geschält und zerdrückt
- 4 Scheiben Vollkornbrot
- Eine Prise Salz und schwarzer Pfeffer
- 1 Esslöffel. zerbröckelter Feta-Käse
- 1 c. kleiner Spinat

Hinweise:

In einer Schüssel Pfeffer, Salz, Thunfisch und Käse vermischen. Auf die Brotscheiben ein Avocadopüree streichen.

Ebenso die Thunfisch-Spinat-Mischung auf zwei Scheiben verteilen. Mit den restlichen 2 Portionen komplettieren. dienen

Nährwert (pro 100 g): Kalorien: 283 Kohlenhydrate: 11,2 g Fett: 3,4 g Protein: 754 mg Natrium: 8 g

Dinkelsalat

Zubereitungszeit: 15 Minuten

Kochzeit: 30 Minuten

Portionen: 4

Schwierigkeit: mittel

Zutaten:

- <u>Salat</u>
- 2 ½ Tassen Gemüsebrühe
- ¾ Tasse zerbröselter Feta-Käse
- 1 Dose Kichererbsen, abgetropft
- 1 Gurke, gehackt
- 1 ½ Tassen Perldinkel
- 1 Esslöffel Olivenöl
- ½ Zwiebel in Scheiben geschnitten
- 2 Tassen Babyspinat, gehackt
- 1 Liter Kirschtomaten
- 1 ¼ Tassen Wasser
- <u>Würzen:</u>
- 2 Esslöffel Zitronensaft
- 1 Esslöffel Honig
- ¼ Tasse Olivenöl
- ¼ Teelöffel Oregano
- 1 Prise roter Pfeffer
- ¼ Teelöffel Salz

- 1 Esslöffel Rotweinessig

Hinweise:

Das Öl in einer Pfanne erhitzen. Den Dinkel dazugeben und eine Minute kochen lassen. Achten Sie darauf, beim Kochen regelmäßig umzurühren. Wasser und Brühe hinzufügen und zum Kochen bringen. Reduzieren Sie die Hitze und kochen Sie das Farro etwa 30 Minuten lang, bis es weich ist. Das Wasser abgießen und den Dinkel in eine Schüssel geben.

Den Spinat dazugeben und vermischen. Etwa 20 Minuten abkühlen lassen. Gurke, Zwiebel, Tomaten, Paprika, Kichererbsen und Fetakäse hinzufügen. Gut vermischen, um eine gute Mischung zu erhalten. Treten Sie einen Schritt zurück und bereiten Sie das Dressing vor.

Alle Zutaten für das Dressing vermischen und gut verrühren, bis ein glatter Teig entsteht. In die Schüssel geben und gut vermischen. Gut abschmecken.

Nährwert (pro 100 g): Kalorien: 365 Kohlenhydrate: 10 g Fett: 43 g Protein: 845 g Natrium: 13 g

Kichererbsen-Zucchini-Salat

Zubereitungszeit: 10 Minuten

Kochzeit: 0 Minuten

Portionen: 3

Schwierigkeit: Einfach

Zutaten:

- ¼ Tasse Balsamico-Essig
- 1/3 Tasse gehackte Basilikumblätter
- 1 Esslöffel Kapern, abgetropft und gehackt
- ½ Tasse zerbröckelter Feta-Käse
- 1 Dose Kichererbsen, abgetropft
- 1 Knoblauchzehe fein gehackt
- ½ Tasse Kalamata-Oliven, gehackt
- 1/3 Tasse Olivenöl
- ½ Tasse süße Zwiebel, gehackt
- ½ Teelöffel Oregano
- 1 Prise zerstoßener roter Pfeffer
- ¾ Tasse roter Pfeffer, gehackt
- 1 Esslöffel gehackter Rosmarin
- 2 Tassen Zucchini, gewürfelt
- Salz und Pfeffer nach Geschmack

Hinweise:

Das Gemüse in einer Schüssel vermischen und gut abdecken.

Bei Zimmertemperatur servieren. Für optimale Ergebnisse stellen Sie die Schüssel vor dem Servieren jedoch einige Stunden in den Kühlschrank, damit sich die Aromen vermischen.

Nährwert (pro 100 g): Kalorien: 258 Kohlenhydrate: 12 g Fett: 19 g Protein: 686 g Natrium

Provenzalischer Artischockensalat

Zubereitungszeit: 15 Minuten

Kochzeit: Fünf Minuten

Portionen: 3

Schwierigkeit: Einfach

Zutaten:

- 250 g Artischockenherzen
- 1 Teelöffel gehacktes Basilikum
- 2 Knoblauchzehen, fein gehackt
- 1 Zitronenschale
- 1 Esslöffel Oliven, gehackt
- 1 Esslöffel Olivenöl
- ½ gehackte Zwiebel
- 1 Prise, ½ Teelöffel Salz
- 2 Tomaten, gehackt
- 3 Esslöffel Wasser
- ½ Glas Weißwein
- Salz und Pfeffer nach Geschmack

Hinweise:

Das Öl in einer Pfanne erhitzen. Zwiebel und Knoblauch anbraten. Braten, bis die Zwiebel durchsichtig ist, und mit einer Prise Salz würzen. Den Weißwein angießen und aufkochen lassen, bis der Wein auf die Hälfte eingekocht ist.

Das Tomatenmark, die Artischockenherzen und das Wasser hinzufügen. Bei schwacher Hitze kochen und dann die Zitronenschale und etwa einen halben Teelöffel Salz hinzufügen. Abdecken und etwa 6 Minuten kochen lassen.

Oliven und Basilikum hinzufügen. Gut würzen und genießen!

Nährwert (pro 100 g): Kalorien: 147 Kohlenhydrate: 13 g Fett: 18 g Protein: 689 mg Natrium: 4 g

Bulgarischer Salat

Zubereitungszeit: 10 Minuten

Kochzeit: 20 Minuten

Portionen: 2

Schwierigkeit: mittel

Zutaten:

- 2 Tassen Bulgur
- 1 Esslöffel Butter
- 1 Gurke, in Stücke geschnitten
- ¼ Tasse Dill
- ¼ Tasse schwarze Oliven, halbiert
- 1 Esslöffel, 2 Teelöffel Olivenöl
- 4 Tassen Wasser
- 2 Teelöffel Rotweinessig
- Salz, genug

Hinweise:

Den Bulgur in einer Pfanne über einer Mischung aus Butter und Olivenöl rösten. Kochen, bis der Bulgur goldbraun ist und zu zerfallen beginnt.

Das Wasser hinzufügen und mit Salz würzen. Alles einwickeln und etwa 20 Minuten kochen lassen, bis der Bulgur weich ist.

In einer Schüssel die Gurkenstücke mit Olivenöl, Dill, Rotweinessig und schwarzen Oliven vermischen. Alles gut vermischen.

Gurke und Bulgur vermengen.

Nährwert (pro 100 g): Kalorien: 386 Kohlenhydrate: 14 g Fett: 55 g Protein: 54 g Natrium: 9 g

Schüssel mit Falafelsalat

Zubereitungszeit: 15 Minuten

Kochzeit: Fünf Minuten

Portionen: 2

Schwierigkeit: Einfach

Zutaten:

- 1 Esslöffel scharfe Knoblauchsauce
- 1 Esslöffel Knoblauch-Dill-Sauce
- 1 Packung vegetarische Falafel
- 1 Dose Hummus
- 2 Esslöffel Zitronensaft
- 1 Esslöffel entkernte Kalamata-Oliven
- 1 Esslöffel natives Olivenöl extra
- 1/4 Tasse Zwiebel, gewürfelt
- 2 Tassen gehackte Petersilie
- 2 Tassen knuspriges Fladenbrot
- 1 Prise Salz
- 1 Esslöffel Tahini-Sauce
- ½ Tasse gewürfelte Tomaten

Hinweise:

Kochen Sie die vorbereiteten Falafel. Leg es zur Seite. Machen Sie den Salat. Petersilie, Zwiebel, Tomate, Zitronensaft, Olivenöl und Salz vermischen. Werfen Sie alles weg und legen Sie es beiseite. Alles in Servierschüsseln füllen. Petersilie hinzufügen und mit Hummus und Falafel bedecken. Bestreuen Sie die Schüssel mit Tahini-Sauce, Chili-Knoblauch-Sauce und Dill-Sauce. Zum Servieren den Zitronensaft hinzufügen und den Salat gut vermischen. Mit Fladenbrot als Beilage servieren.

Nährwert (pro 100 g): Kalorien: 561 Kohlenhydrate: 11 g Fett: 60 g Protein: 944 g Natrium: 18,5 g

Einfacher griechischer Salat

Zubereitungszeit: 15 Minuten

Kochzeit: 0 Minuten

Portionen: 2

Schwierigkeit: Einfach

Zutaten:

- 120 g gewürfelter griechischer Feta
- 5 Gurken, längs geschnitten
- 1 Teelöffel Honig
- 1 Zitrone, zerkaut und gerieben
- 1 Tasse Kalamata-Oliven, entkernt und halbiert
- ¼ Tasse natives Olivenöl extra
- 1 Zwiebel, in Scheiben geschnitten
- 1 Löffel Oregano
- 1 Prise frischer Oregano (zum Dekorieren)
- 12 Tomaten, geviertelt
- ¼ Tasse Rotweinessig
- Salz und Pfeffer nach Geschmack

Hinweise:

Die Zwiebel in einem Behälter in Salzwasser 15 Minuten einweichen. In einer großen Schüssel Honig, Zitronensaft, Zitronenschale, Oregano, Salz und Pfeffer vermischen. Alles vermischen. Das Olivenöl nach und nach unter Rühren hinzufügen, bis das Öl emulgiert. Oliven und Tomaten hinzufügen. Mach es gut. Die Gurken hinzufügen

Die in Salzwasser eingeweichten Zwiebeln abtropfen lassen und zur Salatmischung geben. Den Salat mit frischem Oregano und Feta-Käse verfeinern. Mit Olivenöl bestreichen und mit Pfeffer würzen.

Nährwert (pro 100 g): Kalorien: 292 Kohlenhydrate: 17 g Fett: 12 g Protein: 743 mg Natrium: 6 g

Rucolasalat mit Feigen und Walnüssen

Zubereitungszeit: 15 Minuten

Kochzeit: 10 Minuten

Portionen: 2

Schwierigkeit: Einfach

Zutaten:

- 150 g Rucola
- 1 Karotte, gerieben
- 1/8 Teelöffel Cayennepfeffer
- 3 Unzen Ziegenkäse, zerbröselt
- 1 Dose ungesalzene Kichererbsen, abgetropft
- ½ Tasse getrocknete Feigen, gewürfelt
- 1 Teelöffel Honig
- 3 Esslöffel Olivenöl
- 2 Teelöffel Balsamico-Essig
- ½ Walnüsse halbieren
- Salz, genug

Hinweise:

Den Backofen auf 175 Grad vorheizen. Walnüsse, 1 Esslöffel Olivenöl, Cayennepfeffer und 1/8 Teelöffel Salz in einer ofenfesten Form vermischen. Die Pfanne in den Ofen stellen und rösten, bis die Nüsse goldbraun sind. Legen Sie es beiseite, wenn Sie fertig sind.

Honig, Balsamico-Essig, 2 Esslöffel Öl und ¾ Teelöffel Salz in einer Schüssel vermischen.

In einer großen Schüssel Rucola, Karotte und Feigen vermengen. Die Walnüsse und den Ziegenkäse dazugeben und mit der Balsamico-Honig-Vinaigrette würzen. Stellen Sie sicher, dass Sie alles abdecken.

Nährwert (pro 100 g): Kalorien: 403 Kohlenhydrate: 9 g Fett: 35 g Protein: 84 g Natrium: 13 g

Blumenkohlsalat mit Tahini-Vinaigrette

Zubereitungszeit: 15 Minuten

Kochzeit: Fünf Minuten

Portionen: 2

Schwierigkeit: mittel

Zutaten:

- 1 ½ Pfund Blumenkohl
- ¼ Tasse getrocknete Kirschen
- 3 Esslöffel Zitronensaft
- 1 Esslöffel frische Minze, gehackt
- 1 Teelöffel Olivenöl
- ½ Tasse gehackte Petersilie
- 3 Esslöffel gesalzene, geröstete Pistazien, gehackt
- ½ Teelöffel Salz
- ¼ Tasse Schalotten, gehackt
- 2 Esslöffel Tahini

Hinweise:

Den Blumenkohl in einer mikrowellengeeigneten Schüssel zerdrücken. Olivenöl und ¼ Salz hinzufügen. Achten Sie darauf, den Blumenkohl gleichmäßig zu bestreichen und zu würzen. Wickeln Sie die Schüssel in Frischhaltefolie ein und erhitzen Sie sie etwa 3 Minuten lang in der Mikrowelle.

Den Reis mit dem Blumenkohl auf ein Backblech legen und etwa 10 Minuten abkühlen lassen. Zitronensaft und Schalotten hinzufügen. Lassen Sie den Blumenkohl ruhen, damit er das Aroma aufnehmen kann.

Die Tahini-Mischung, Kirschen, Petersilie, Minze und Salz hinzufügen. Alles gut vermischen. Vor dem Servieren mit gerösteten Pistazien bestreuen.

Nährwert (pro 100 g): Kalorien: 165 Kohlenhydrate: 10 g Fett: 20 g Protein: 65 g Natrium: 6 g

Mediterraner Kartoffelsalat

Zubereitungszeit: 15 Minuten

Kochzeit: 10 Minuten

Portionen: 2

Schwierigkeit: Einfach

Zutaten:

- 1 Bund Basilikumblätter, gehackt
- 1 Knoblauchzehe, zerdrückt
- 1 Esslöffel Olivenöl
- 1 Zwiebel, in Scheiben geschnitten
- 1 Löffel Oregano
- 100 g geröstete rote Paprika. Scheiben
- 300 g Kartoffeln, halbiert
- 1 Dose Kirschtomaten
- Salz und Pfeffer nach Geschmack

Hinweise:

Die Zwiebel in einem Topf anbraten. Oregano und Knoblauch hinzufügen. Alles eine Minute kochen lassen. Paprika und Tomaten hinzufügen. Gut würzen und dann etwa 10 Minuten kochen lassen. Leg es zur Seite.

In einem Topf die Kartoffeln in reichlich Salzwasser kochen. Etwa 15 Minuten kochen, bis es weich ist. Gut abtropfen lassen. Die Kartoffeln mit der Soße vermischen und das Basilikum und die Oliven dazugeben. Zum Schluss alles vor dem Servieren wegwerfen.

Nährwert (pro 100 g): Kalorien: 111 Kohlenhydrate: 9 g Fett: 16 g Protein: 745 mg Natrium

Quinoa-Pistazien-Salat

Zubereitungszeit: 10 Minuten

Kochzeit: 15 Minuten

Portionen: 2

Schwierigkeit: Einfach

Zutaten:

- ¼ Teelöffel Kreuzkümmel
- ½ Tasse getrocknete Johannisbeeren
- 1 Teelöffel abgeriebene Zitronenschale
- 2 Esslöffel Zitronensaft
- ½ Tasse Frühlingszwiebel, gehackt
- 1 Esslöffel gehackte Minze
- 2 Esslöffel natives Olivenöl extra
- ¼ Tasse gehackte Petersilie
- ¼ Teelöffel gemahlener Pfeffer
- 1/3 Tasse gehackte Pistazien
- 1 ¼ Tassen rohe Quinoa
- 1 2/3 Tassen Wasser

Hinweise:

Kombinieren Sie 1 2/3 Tassen Wasser, Rosinen und Quinoa in einem Topf. Alles zum Kochen bringen und dann die Hitze reduzieren. Alles etwa 10 Minuten kochen lassen und den Quinoa schaumig werden lassen. Lassen Sie es etwa 5 Minuten lang stehen. Die Quinoa-Mischung in eine Schüssel geben. Walnüsse, Minze, Zwiebel und Petersilie hinzufügen. Alles vermischen. In einer separaten Schüssel Zitronenschale, Zitronensaft, Johannisbeeren, Kreuzkümmel und Öl vermischen. kombiniere sie Trockene und feuchte Zutaten mischen.

Nährwert (pro 100 g): Kalorien: 248 Kohlenhydrate: 8 g Fett: 35 g Protein: 914 g Natrium: 7 g

Gurken-Hähnchen-Salat mit würzigem Erdnuss-Dressing

Zubereitungszeit: 15 Minuten

Kochzeit: 0 Minuten

Portionen: 2

Schwierigkeit: mittel

Zutaten:

- 1/2 Tasse Erdnussbutter
- 1 Esslöffel Sambal Oelek (Chilipaste)
- 1 Esslöffel natriumarme Sojasauce
- 1 Esslöffel gegrilltes Sesamöl
- 4 Esslöffel Wasser, bei Bedarf auch mehr
- 1 Gurke, geschält und in dünne Streifen geschnitten
- 1 gekochtes Hähnchenfilet, in dünne Streifen geschnitten
- 2 Esslöffel gehackte Erdnüsse

Hinweise:

Erdnussbutter, Sojasauce, Sesamöl, Sambal Oelek und Wasser in einer Schüssel vermischen. Die Gurkenscheiben auf einen Teller legen. Mit zerkleinertem Hähnchenfleisch garnieren und mit Soße bestreuen. Mit gehackten Erdnüssen bestreuen.

Nährwert (pro 100 g): Kalorien: 720 Kohlenhydrate: 54 g Fett: 8,9 g Protein: 733 g Natrium

Gemüsepaella

Zubereitungszeit: 25 Minuten

Kochzeit: 45 Minuten

Portionen: 6

Schwierigkeit: mittel

Zutaten:

- ¼ Tasse Olivenöl
- 1 große süße Zwiebel
- 1 große rote Paprika
- 1 große grüne Paprika
- 3 Knoblauchzehen, fein gehackt
- 1 Teelöffel geräuchertes Paprikapulver
- 5 Fäden Safran
- 1 Butternusskürbis, in ½ Zoll große Würfel geschnitten
- 4 große reife Tomaten, geschält, entkernt und gehackt
- 1 1/2 Tassen spanischer Rundkornreis
- 3 Tassen Gemüsebrühe, heiß

Hinweise:

Den Ofen auf 350° F vorheizen. In Olivenöl bei mittlerer Hitze braten. Zwiebel, rote und grüne Paprika hinzufügen und 10 Minuten kochen lassen.

Knoblauch, Paprika, Safran, Kürbis und Tomaten untermischen. Reduzieren Sie die Hitze auf mittlere bis niedrige Stufe und kochen Sie es 10 Minuten lang.

Reis und Gemüsebrühe hinzufügen. Erhöhen Sie die Hitze, um die Paella zum Kochen zu bringen. Stellen Sie die Hitze auf mittlere bis niedrige Stufe und kochen Sie es 15 Minuten lang. Wickeln Sie die Pfanne mit Aluminiumfolie ein und stellen Sie sie in den Ofen.

10 Minuten kochen lassen oder bis die Brühe aufgesogen ist.

Nährwert (pro 100 g): Kalorien: 288 Kohlenhydrate: 10 g Fett: 46 g Protein: 671 g Natrium: 3 g

Auflauf mit Auberginen und Reis

Zubereitungszeit: 30 Minuten

Kochzeit: 35 Minuten

Portionen: 4

Schwierigkeit: schwierig

Zutaten:

- für die Soße
- ½ Tasse Olivenöl
- 1 kleine Zwiebel, gehackt
- 4 Knoblauchzehen, zerdrückt
- 6 reife Tomaten, geschält und gehackt
- 2 Esslöffel Tomatenpüree
- 1 Teelöffel getrockneter Oregano
- ¼ Teelöffel gemahlene Muskatnuss
- ¼ Teelöffel gemahlener Kreuzkümmel
- Für den Auflauf
- 4 japanische 6-Zoll-Auberginen, der Länge nach halbiert
- 2 Esslöffel Olivenöl
- 1 Tasse gekochter Reis
- 2 Esslöffel Pinienkerne, geröstet
- 1 Tasse Wasser

Hinweise:

Um die Soße zuzubereiten

Das Olivenöl in einem Topf mit starkem Boden bei mittlerer Hitze erhitzen. Die Zwiebel hinzufügen und 5 Minuten kochen lassen. Knoblauch, Tomate, Tomatenpüree, Oregano, Muskatnuss und Kreuzkümmel hinzufügen. Zum Kochen bringen, dann die Hitze reduzieren und 10 Minuten köcheln lassen. Abheben und reservieren.

Um den Eintopf zu machen

Den Grill vorheizen. Während die Soße kocht, die Auberginen mit Olivenöl würzen und auf ein Backblech legen. Etwa 5 Minuten goldbraun backen. Herausnehmen und abkühlen lassen. Heizen Sie den Ofen auf 375 ° F vor. Ordnen Sie die abgekühlten Auberginen mit der Schnittseite nach oben in einer 9 x 13 Zoll großen Auflaufform an. Einen Teil des Fleisches vorsichtig herauslöffeln, um Platz für die Füllung zu schaffen.

Die Hälfte der Tomatensauce, gekochten Reis und Pinienkerne in einer Schüssel vermischen. Jede Auberginenhälfte mit der Reismischung füllen. Im gleichen Behälter die restliche Tomatensauce und das Wasser vermischen. Über die Aubergine gießen. Zugedeckt 20 Minuten garen, bis die Auberginen weich sind.

Nährwert (pro 100 g): Kalorien: 453 Kohlenhydrate: 39 g Fett: 29 g Protein: 82 g Natrium: 7 g

Couscous mit Gemüse

Zubereitungszeit: 15 Minuten

Kochzeit: 45 Minuten

Portionen: 8

Schwierigkeit: schwierig

Zutaten:

- ¼ Tasse Olivenöl
- 1 Zwiebel, gehackt
- 4 Knoblauchzehen, fein gehackt
- 2 Jalapeño-Paprikaschoten, an mehreren Stellen mit einer Gabel eingestochen
- ½ Teelöffel gemahlener Kreuzkümmel
- ½ Teelöffel gemahlener Koriander
- 1 Dose (28 Gramm) zerdrückte Tomaten
- 2 Esslöffel Tomatenpüree
- 1/8 Teelöffel Salz
- 2 Lorbeerblätter
- 11 Tassen Wasser, geteilt
- 4 Karotten
- 2 Zucchini, in 5 cm große Stücke geschnitten
- 1 Eichelkürbis, halbiert, entkernt und in 2,5 cm dicke Scheiben geschnitten
- 1 Dose (15 Gramm) Kichererbsen, abgetropft und gewaschen

- 1/4 Tasse gehackte eingemachte Zitronen (optional)
- 3 Tassen Couscous

Hinweise:

Das Olivenöl in einem Topf mit starkem Boden erhitzen. Die Zwiebel hinzufügen und 4 Minuten kochen lassen. Knoblauch, Jalapeños, Kreuzkümmel und Koriander mischen. 1 Minute kochen lassen. Tomaten, Tomatenmark, Salz, Lorbeerblätter und 8 Tassen Wasser hinzufügen. Bringen Sie die Mischung zum Kochen.

Die Karotten, den Kürbis und den Eichelkürbis dazugeben und nochmals aufkochen lassen. Reduzieren Sie die Hitze leicht, decken Sie das Ganze ab und kochen Sie es etwa 20 Minuten lang, bis das Gemüse zart, aber nicht matschig ist. Nehmen Sie 2 Tassen der Kochflüssigkeit und stellen Sie sie beiseite. Nach Bedarf würzen.

Kichererbsen und eingelegte Zitronen (falls verwendet) hinzufügen. Einige Minuten kochen lassen und die Hitze ausschalten.

In einem mittelgroßen Topf die restlichen 3 Tassen Wasser bei starker Hitze zum Kochen bringen. Den Couscous dazugeben, abdecken und den Herd ausschalten. Den Couscous 10 Minuten ruhen lassen. Mit 1 Tasse reservierter Kochflüssigkeit würzen. Den Couscous mit einer Gabel auflockern.

Auf einen großen Servierteller legen. Befeuchten Sie es mit der restlichen Kochflüssigkeit. Das Gemüse aus dem Topf nehmen und darauf legen. Den restlichen Eintopf in einer separaten Schüssel servieren.

Nährwert (pro 100 g): Kalorien: 415 Kohlenhydrate: 7 g Fett: 7 g Protein: 718 g Natrium: 9 g

Kushari

Zubereitungszeit: 25 Minuten

Kochzeit: 1 Stunde und 20 Minuten

Portionen: 8

Schwierigkeit: schwierig

Zutaten:

- für die Soße
- 2 Esslöffel Olivenöl
- 2 Knoblauchzehen, fein gehackt
- 1 Dose (16 Gramm) Tomatensauce
- ¼ Tasse weißer Essig
- ¼ Tasse Harissa oder im Laden gekauft
- 1/8 Teelöffel Salz
- Für den Reis
- 1 Tasse Olivenöl
- 2 Zwiebeln, in dünne Scheiben geschnitten
- 2 Tassen getrocknete braune Linsen
- 4 Liter plus ½ Tasse Wasser, aufgeteilt
- 2 Tassen Rundkornreis
- 1 Teelöffel Salz
- 1 Pfund kurze Nudeln
- 1 Dose (15 Gramm) Kichererbsen, abgetropft und gewaschen

Hinweise:

Um die Soße zuzubereiten

Das Olivenöl in einem Topf aufkochen. Den Knoblauch anbraten. Tomatensauce, Essig, Harissa und Salz hinzufügen. Die Soße aufkochen. Reduzieren Sie die Hitze und lassen Sie es 20 Minuten lang köcheln, bis die Soße eindickt. Abheben und reservieren.

Reis zubereiten

Bereiten Sie den Teller mit saugfähigem Papier vor und legen Sie ihn beiseite. Das Olivenöl in einer großen Pfanne bei mittlerer Hitze erhitzen. Die Zwiebel unter häufigem Rühren anbraten, bis sie knusprig und goldbraun ist. Die Zwiebel auf den vorbereiteten Teller geben und beiseite stellen. Reservieren Sie 2 Esslöffel Speiseöl. Reservieren Sie die Pfanne.

Bei starker Hitze die Linsen und 4 Tassen Wasser in einem Topf vermischen. Zum Kochen bringen und 20 Minuten kochen lassen. Filtern und mit den 2 Esslöffeln reserviertem Speiseöl würzen. Beiseite legen Reservieren Sie das Gericht.

Stellen Sie die Pfanne, in der Sie die Zwiebeln gekocht haben, auf mittlere bis hohe Hitze und geben Sie den Reis, 4 1/2 Tassen Wasser und Salz hinzu. Kochen Reduzieren Sie die Hitze auf eine niedrige Stufe und kochen Sie es 20 Minuten lang. Ausschalten und 10 Minuten ruhen lassen. Bringen Sie die restlichen 8 Tassen Salzwasser in demselben Topf, in dem Sie die Linsen gekocht haben, bei starker Hitze zum Kochen. Fügen Sie die Nudeln hinzu und kochen Sie sie 6 Minuten lang oder gemäß den Anweisungen in der Packung. Abtropfen lassen und beiseite stellen.

zusammenfügen

Den Reis auf einen Servierteller geben. Mit Linsen, Kichererbsen und Nudeln belegen. Die heiße Tomatensauce darüber träufeln und die knusprigen Röstzwiebeln darüber streuen.

Nährwert (pro 100 g): Kalorien: 668 Kohlenhydrate: 13 g Fett: 113 g Protein: 481 g Natrium: 18 g

Bulgur mit Tomaten und Kichererbsen

Zubereitungszeit: 10 Minuten

Kochzeit: 35 Minuten

Portionen: 6

Schwierigkeit: mittel

Zutaten:

- ½ Tasse Olivenöl
- 1 Zwiebel, gehackt
- 6 gewürfelte Tomaten oder 1 Dose (16 Unzen) gewürfelte Tomaten
- 2 Esslöffel Tomatenpüree
- 2 Tassen Wasser
- 1 Esslöffel Harissa oder im Laden gekauft
- 1/8 Teelöffel Salz
- 2 Tassen grober Bulgur
- 1 Dose (15 Gramm) Kichererbsen, abgetropft und gewaschen

Hinweise:

Das Olivenöl in einem Topf mit starkem Boden bei mittlerer Hitze erhitzen. Die Zwiebel anbraten, dann die Tomaten mit ihrem Saft dazugeben und 5 Minuten braten.

Tomatenpüree, Wasser, Harissa und Salz hinzufügen. Kochen

Bulgur und Kichererbsen hinzufügen. Bringen Sie die Mischung erneut zum Kochen. Reduzieren Sie die Hitze und kochen Sie es 15 Minuten lang. Vor dem Servieren 15 Minuten ruhen lassen.

Nährwert (pro 100 g): Kalorien: 413 Kohlenhydrate: 19 g Fett: 55 g Protein: 728 g Natrium

Makrelen-Makkaroni

Zubereitungszeit: 10 Minuten

Kochzeit: 15 Minuten

Portionen: 4

Schwierigkeit: Einfach

Zutaten:

- 12 Gramm Makkaroni
- 1 Knoblauchzehe
- 14 Gramm Tomatensauce
- 1 Zweig gehackte Petersilie
- 2 frische Chilis
- 1 Teelöffel Salz
- 200 g Makrele in Öl
- 3 Esslöffel natives Olivenöl extra

Hinweise:

Beginnen Sie damit, Wasser in einem Topf zu kochen. Während das Wasser erhitzt wird, nehmen wir eine Pfanne, geben einen Spritzer Öl und etwas Knoblauch hinein und braten es bei schwacher Hitze an. Wenn der Knoblauch gebraten ist, nehmen Sie ihn aus der Pfanne.

Die Paprika schneiden, die Kerne im Inneren entfernen und in dünne Streifen schneiden.

Geben Sie das Kochwasser und die rote Paprika in die gleiche Pfanne wie zuvor. Nehmen Sie dann die Makrele, lassen Sie das Öl abtropfen, trennen Sie es mit einer Gabel und geben Sie es zusammen mit den anderen Zutaten in die Pfanne. Durch Zugabe von etwas Kochwasser leicht bräunen.

Wenn alle Zutaten gut vermischt sind, das Tomatenpüree in die Pfanne geben. Gut vermischen, um alle Zutaten gleichmäßig zu verteilen, und etwa 3 Minuten kochen lassen.

Kommen wir zur Pasta:

Wenn das Wasser zu kochen beginnt, Salz und Nudeln hinzufügen. Lassen Sie die Makkaroni abtropfen, wenn sie etwas al dente sind, und geben Sie sie in die Soße, die Sie zubereitet haben.

Die Sauce eine Weile köcheln lassen und mit Salz und Pfeffer abschmecken.

Nährwert (pro 100 g): Kalorien: 510 Kohlenhydrate: 15,4 g Fett: 70 g Protein: 730 g Natrium

Makkaroni mit Kirschtomaten und Sardellen

Zubereitungszeit: 10 Minuten

Kochzeit: 15 Minuten

Portionen: 4

Schwierigkeit: Einfach

Zutaten:

- 14 Gramm Makkaroni-Nudeln
- 6 gesalzene Sardellen
- 4 Gramm Kirschtomaten
- 1 Knoblauchzehe
- 3 Esslöffel natives Olivenöl extra
- Frisches Chili nach Geschmack
- 3 Basilikumblätter
- Salz nach Geschmack

Hinweise:

Erhitzen Sie zunächst das Wasser in einem Topf und geben Sie das Salz hinzu, sobald es kocht. Bereiten Sie in der Zwischenzeit die Soße zu: Nehmen Sie die gewaschenen Tomaten und schneiden Sie sie in 4 Stücke.

Nehmen Sie nun eine beschichtete Pfanne, beträufeln Sie sie mit Öl und geben Sie eine Knoblauchzehe hinein. Nach dem Garen aus der Pfanne nehmen. Die geputzten Sardellen in die Pfanne geben und im Öl auflösen.

Wenn die Sardellen gut geschmolzen sind, fügen Sie die gehackten Tomaten hinzu und erhöhen Sie die Hitze, bis sie anfangen, weich zu werden (achten Sie darauf, dass sie nicht zu weich werden).

Den gehackten kernlosen Paprika dazugeben und würzen.

Geben Sie die Nudeln in einen Topf mit kochendem Wasser, lassen Sie sie al dente abtropfen und braten Sie sie eine Weile in der Pfanne.

Nährwert (pro 100 g): Kalorien: 476 Kohlenhydrate: 12,9 g Fett: 11 g Protein: 763 mg Natrium

Risotto mit Zitrone und Garnelen

Zubereitungszeit: 10 Minuten

Kochzeit: 30 Minuten

Portionen: 4

Schwierigkeit: Einfach

Zutaten:

- 1 Zitrone
- 14 Gramm geschälte Garnelen
- 1 ¾ Tassen Risottoreis
- 1 weiße Zwiebel
- 33 fl. oz. 1 Liter Gemüsebrühe (auch weniger reicht)
- 2,5 Esslöffel Butter
- ½ Glas Weißwein
- Salz nach Geschmack
- Schwarzer Pfeffer nach Geschmack
- Schnittlauch nach Geschmack

Hinweise:

Kochen Sie die Garnelen zunächst 3–4 Minuten in Salzwasser, lassen Sie sie abtropfen und stellen Sie sie beiseite.

Eine Zwiebel schälen und fein hacken, mit zerlassener Butter anbraten und, wenn die Butter getrocknet ist, den Reis in einer Pfanne einige Minuten rösten.

Den Reis mit einem halben Glas Weißwein ablöschen und dann den Saft einer Zitrone hinzufügen. Rühren Sie den Reis um und kochen Sie ihn zu Ende. Fügen Sie bei Bedarf weiterhin einen Löffel Gemüsebrühe hinzu.

Gut vermischen und einige Minuten vor Ende des Garvorgangs die zuvor gekochten Garnelen (einen Teil zur Dekoration aufbewahren) und etwas schwarzen Pfeffer hinzufügen.

Wenn die Hitze ausgeschaltet ist, einen Schuss Butter hinzufügen und umrühren. Das Risotto ist servierfertig. Mit den restlichen Garnelen dekorieren und mit Schnittlauch bestreuen.

Nährwert (pro 100 g): Kalorien: 510 Kohlenhydrate: 10 g Fett: 82,4 g Protein: 875 g Natrium: 20,6 g

Spaghetti mit Muscheln

Zubereitungszeit: 10 Minuten

Kochzeit: 40 Minuten

Portionen: 4

Schwierigkeit: Einfach

Zutaten:

- 11,5 Gramm Spaghetti
- 2 Kilo Pflaumen
- 7 Gramm Tomatensauce oder gehackte Tomaten für die rote Variante dieses Gerichts
- 2 Knoblauchzehen
- 4 Esslöffel natives Olivenöl extra
- 1 Glas trockener Weißwein
- 1 Esslöffel fein gehackte Petersilie
- 1 Chili

Hinweise:

Beginnen Sie mit dem Waschen der Muscheln – „säubern" Sie sie niemals – sie sollten sich nur durch Hitze öffnen, sonst geht ihre innere Flüssigkeit zusammen mit eventuellem Sand verloren. Waschen Sie die Muscheln schnell mit einem Sieb in einer Salatschüssel: Dadurch wird der Sand aus den Schalen gefiltert.

Anschließend die abgetropften Muscheln sofort in einen Topf mit Deckel geben und bei starker Hitze erhitzen. Drehen Sie sie von Zeit zu Zeit um und nehmen Sie sie vom Herd, wenn sie fast vollständig geöffnet sind. Geschlossen bleibende Pflaumen sind tot und sollten entfernt werden. Entfernen Sie die geöffneten Schalentiere und lassen Sie einige ganz übrig, um die Gerichte zu dekorieren. Die restliche Flüssigkeit auf den Boden der Pfanne abseihen und beiseite stellen.

Nehmen Sie eine große Pfanne und geben Sie etwas Öl hinein. Eine ganze Paprika und eine oder zwei zerdrückte Knoblauchzehen bei sehr schwacher Hitze erhitzen, bis die Zehen gelb werden. Die Muscheln dazugeben und mit trockenem Weißwein abschmecken.

Nun den zuvor abgeseihten Pflaumensaft und etwas fein gehackte Petersilie dazugeben.

Filtern Sie die Spaghetti und braten Sie sie sofort in einer Pfanne al dente an, nachdem Sie sie zuvor in reichlich Salzwasser gekocht haben. Gut vermischen, bis die Spaghetti die gesamte Flüssigkeit aus den Muscheln aufgesogen haben. Wenn Sie kein Chili verwendet haben, garnieren Sie es mit einer leichten Prise weißem oder schwarzem Pfeffer.

Nährwert (pro 100 g): Kalorien: 167 Kohlenhydrate: 5 g Fett: 8 g Protein: 720 mg Natrium

Griechische Fischsuppe

Zubereitungszeit: 10 Minuten

Kochzeit: 60 Minuten

Portionen: 4

Schwierigkeit: Einfach

Zutaten:

- Kabeljau oder anderer Weißfisch
- 4 Kartoffeln
- 4 Frühlingszwiebeln
- 2 Karotten
- 2 Stangen Sellerie
- 2 Tomaten
- 4 Esslöffel natives Olivenöl extra
- 2 Eier
- 1 Zitrone
- 1 Tasse Reis
- Salz nach Geschmack

Hinweise:

Wählen Sie einen Fisch, der nicht mehr als 2,2 Kilogramm wiegt, entfernen Sie Schuppen, Kiemen und Eingeweide und waschen Sie ihn gut. Gehen Sie raus und legen Sie es beiseite.

Kartoffeln, Karotten und Zwiebeln waschen und im Ganzen in einen Topf mit ausreichend Wasser geben, damit es weich wird, und zum Kochen bringen.

Geben Sie den noch in Bündeln zusammengebundenen Sellerie hinzu, damit er sich beim Kochen nicht ausbreitet, schneiden Sie die Tomaten in Viertel und fügen Sie diese zusammen mit dem Öl und dem Salz hinzu.

Wenn das Gemüse fast gar ist, mehr Wasser und den Fisch hinzufügen. 20 Minuten kochen lassen und zusammen mit dem Gemüse aus der Brühe nehmen.

Den Fisch zum Servieren auf einen Teller legen, mit dem Gemüse garnieren und die Brühe abseihen. Die Brühe wieder auf den Herd stellen und mit etwas Wasser verdünnen. Wenn es kocht, den Reis dazugeben und mit Salz würzen. Wenn der Reis gar ist, den Topf vom Herd nehmen.

Bereiten Sie die Avgolemono-Sauce zu:

Die Eier gut verquirlen und nach und nach den Zitronensaft hinzufügen. Geben Sie etwas Brühe in eine Schöpfkelle und gießen Sie die Eier nach und nach unter ständigem Rühren hinzu.

Zum Schluss die entstandene Soße zur Suppe geben und gut verrühren.

Nährwert (pro 100 g): Kalorien: 263 Kohlenhydrate: 17,1 g Fett: 18,6 g Protein: 823 g Natrium

Veiner-Reis mit Garnelen

Zubereitungszeit: 10 Minuten

Kochzeit: 55 Minuten

Portionen: 3

Schwierigkeit: Einfach

Zutaten:

- 1 ½ Tassen schwarzer Reis (vorzugsweise gekocht)
- 5 Teelöffel natives Olivenöl extra
- 10,5 Gramm Garnelen
- 10,5 Gramm Zucchini
- 1 Zitrone (Saft und Schale)
- Speisesalz nach Geschmack
- Schwarzer Pfeffer nach Geschmack
- 1 Knoblauchzehe
- Tabasco nach Geschmack

Hinweise:

Beginnen wir mit dem Reis:

Nachdem Sie einen Topf mit reichlich Wasser gefüllt und zum Kochen gebracht haben, geben Sie den Reis hinzu, würzen Sie ihn mit Salz und kochen Sie ihn für die erforderliche Zeit (siehe Kochanleitung auf der Packung).

In der Zwischenzeit die Zucchini mit einer Reibe mit großen Löchern reiben. Das Olivenöl mit der geschälten Knoblauchzehe in einer Pfanne erhitzen, die geriebene Zucchini, Salz und Pfeffer hinzufügen und 5 Minuten kochen lassen, die Knoblauchzehen entfernen und das Gemüse aufbewahren.

Nun die Garnelen putzen:

Entfernen Sie die Schuppen, schneiden Sie die Schwänze ab, teilen Sie sie der Länge nach in zwei Hälften und entfernen Sie die Eingeweide (die dunkle Schnur auf der Rückseite). Die gesäuberten Garnelen in eine Schüssel geben und mit Olivenöl beträufeln; Geben Sie ihm etwas mehr Geschmack, indem Sie Zitronenschale, Salz und Pfeffer und nach Wunsch eine Prise Tabasco hinzufügen.

Die Garnelen einige Minuten in einer heißen Pfanne erhitzen. Nach dem Garen beiseite stellen.

Wenn der Venere-Reis fertig ist, geben Sie ihn in eine Schüssel, geben Sie die Zucchini-Mischung hinzu und vermischen Sie ihn.

Nährwert (pro 100 g): Kalorien: 293 Kohlenhydrate: 5 g Fett: 52 g Protein: 655 mg Natrium: 10 g

Pennette-Lachs und Wodka

Zubereitungszeit: 10 Minuten

Kochzeit: 18 Minuten

Portionen: 4

Schwierigkeit: Einfach

Zutaten:

- Penne Rigate 14 oz
- 7 Gramm geräucherter Lachs
- 1,2 Gramm Schalotten
- 1,35 fl. oz. 40 ml Wodka
- 150 g Kirschtomaten
- 200 g frische flüssige Sahne (ich empfehle Gemüse für ein leichteres Gericht)
- Schnittlauch nach Geschmack
- 3 Esslöffel natives Olivenöl extra
- Salz nach Geschmack
- Schwarzer Pfeffer nach Geschmack
- Basilikum nach Geschmack (zum Garnieren)

Hinweise:

Tomaten und Schnittlauch waschen und schneiden. Nachdem Sie die Schalotten geschält haben, hacken Sie sie mit einem Messer, geben Sie sie in einen Topf und braten Sie sie eine Weile in nativem Olivenöl extra an.

In der Zwischenzeit den Lachs in Streifen schneiden und mit dem Öl und den Schalotten vermischen.

Mischen Sie alles mit dem Wodka. Seien Sie vorsichtig, da sich ein Aufflackern bilden kann (keine Sorge, wenn die Flamme aufsteigt, erlischt sie, sobald der Alkohol vollständig verdampft ist). Das Tomatenmark dazugeben und mit einer Prise Salz und nach Belieben etwas Pfeffer bestreuen. Zum Schluss Sahne und gehackten Schnittlauch hinzufügen.

Bereiten Sie die Nudeln zu, während die Sauce noch köchelt. Wenn das Wasser kocht, die Pennettes dazugeben und al dente kochen lassen.

Filtern Sie die Nudeln und geben Sie die Pennettes in die Soße. Lassen Sie sie eine Weile kochen, damit sie das gesamte Aroma aufnehmen. Nach Belieben mit einem Basilikumblatt garnieren.

Nährwert (pro 100 g): Kalorien: 620 Kohlenhydrate: 21,9 g Fett: 81,7 g Protein: 326 g Natrium

Carbonara mit Meeresfrüchten

Zubereitungszeit: 15 Minuten

Kochzeit: 50 Minuten

Portionen: 3

Schwierigkeit: Einfach

Zutaten:

- 11,5 Gramm Spaghetti
- 3,5 Gramm Thunfisch
- 3,5 Gramm Schwertfisch
- 3,5 Gramm Lachs
- 6 Eigelb
- 4 Esslöffel Parmesankäse
- 2 fl. oz. 60 ml Weißwein
- 1 Knoblauchzehe
- Extra natives Olivenöl nach Geschmack
- Speisesalz nach Geschmack
- Schwarzer Pfeffer nach Geschmack

Hinweise:

Bereiten Sie in einem Topf kochendes Wasser vor und geben Sie etwas Salz hinzu.

In der Zwischenzeit 6 Eigelb in eine Schüssel geben und geriebenen Parmesan, Pfeffer und Salz hinzufügen. Mit einem Schneebesen schlagen und mit etwas Kochwasser aus der Pfanne beträufeln.

Entfernen Sie die Gräten vom Lachs, die Schuppen vom Schwertfisch und schneiden Sie den Thunfisch, den Lachs und den Schwertfisch in Würfel.

Beim Kochen die Nudeln würzen und leicht al dente kochen.

In der Zwischenzeit einen Schuss Öl in einer großen Pfanne erhitzen und die ganze geschälte Knoblauchzehe hinzufügen. Wenn das Öl heiß ist, den gewürfelten Fisch hinzufügen und bei starker Hitze etwa 1 Minute braten. Den Knoblauch entfernen und den Weißwein hinzufügen.

Wenn der Alkohol verdunstet ist, nehmen Sie die Fischwürfel heraus und reduzieren Sie die Hitze. Sobald die Spaghetti fertig sind, geben Sie sie in die Pfanne und braten Sie sie unter ständigem Rühren etwa eine Minute lang an und fügen Sie bei Bedarf das Kochwasser hinzu.

Die Eigelbmischung und die Fischwürfel hineingeben. Gut mischen. dienen

Nährwert (pro 100 g): Kalorien: 375 Kohlenhydrate: 17 g Fett: 41,4 g Protein: 755 g Natrium

Garganelli mit Zucchinipesto und Garnelen

Zubereitungszeit: 10 Minuten

Kochzeit: 30 Minuten

Portionen: 4

Schwierigkeit: mittel

Zutaten:

- 300 g Garganelli mit Ei
- Für das Kürbispesto:
- 7 Gramm Zucchini
- 1 Tasse Pinienkerne
- 8 Esslöffel (0,35 Gramm) Basilikum
- 1 EL Speisesalz
- 9 Esslöffel natives Olivenöl extra
- 2 Esslöffel Parmesankäse zum Reiben
- 1 Unze geriebener Pecorino-Käse
- Für sautierte Garnelen:
- 8,8 Gramm Garnelen
- 1 Knoblauchzehe
- 7 Teelöffel natives Olivenöl extra

- Prise Salz

Hinweise:

Beginnen Sie mit der Zubereitung des Pestos:

Nachdem Sie die Zucchini gewaschen haben, reiben Sie sie, geben Sie sie in ein Sieb (damit sie überschüssige Flüssigkeit verlieren) und salzen Sie sie leicht. Wir geben die Pinienkerne, den Kürbis und die Basilikumblätter in den Mixer. Geriebenen Parmesan, Pecorino und natives Olivenöl extra hinzufügen.

Alles verrühren, bis eine cremige Masse entsteht, eine Prise Salz hinzufügen und beiseite stellen.

Auf Garnelen umstellen:

Entfernen Sie zunächst den Darm, indem Sie den Rücken der Garnele mit einem Messer über die gesamte Länge einschneiden und mit der Messerspitze den schwarzen Faden aus dem Inneren entfernen.

Die Knoblauchzehen in einer beschichteten Pfanne mit nativem Olivenöl extra anbraten. Wenn sie goldbraun sind, entfernen Sie den Knoblauch und fügen Sie die Garnelen hinzu. Bei mittlerer

Hitze etwa 5 Minuten anbraten, bis außen eine knusprige Kruste entsteht.

Als nächstes einen Topf mit Salzwasser zum Kochen bringen und die Garganelli kochen. Reservieren Sie ein paar Esslöffel Kochwasser und lassen Sie die al dente Nudeln abtropfen.

Wir geben die Garganelli in die Pfanne, in der Sie die Garnelen gekocht haben. Eine Minute zusammen kochen, einen Esslöffel Kochwasser hinzufügen und zum Schluss das Zucchini-Pesto hinzufügen.

Alles gut vermischen, um die Nudeln mit der Soße zu vermischen.

Nährwert (pro 100 g): Kalorien: 776 Kohlenhydrate: 46 g Fett: 68 g Protein: 835 g Natrium: 22,5 g

Lakritzreis

Zubereitungszeit: 10 Minuten

Kochzeit: 30 Minuten

Portionen: 4

Schwierigkeit: mittel

Zutaten:

- 1 Tasse (12,3 Gramm) Reis
- 8,8 Gramm Lachsfilets
- 1 Lauch
- Extra natives Olivenöl nach Geschmack
- 1 Knoblauchzehe
- ½ Glas Weißwein
- 3 ½ Esslöffel geriebener Grana Padano
- Salz nach Geschmack
- Schwarzer Pfeffer nach Geschmack
- 17 fl. oz. 500 ml Fischbrühe
- 1 Tasse Butter

Hinweise:

Reinigen Sie zunächst den Lachs und schneiden Sie ihn in kleine Stücke. 1 Esslöffel Öl in einer Pfanne mit einer ganzen Knoblauchzehe anbraten und den Lachs 2/3 Minuten anbraten, mit Salz bestreuen und den Lachs aufbewahren, den Knoblauch entfernen.

Beginnen Sie nun mit der Zubereitung des Risottos:

Den Lauch in sehr kleine Stücke schneiden und in einem Topf mit zwei Esslöffeln Öl anbraten. Den Reis hinzufügen und einige Sekunden bei mittlerer bis hoher Hitze kochen lassen, dabei mit einem Holzlöffel umrühren.

Fügen Sie den Weißwein hinzu und kochen Sie unter gelegentlichem Rühren weiter, achten Sie darauf, dass der Reis nicht an der Pfanne kleben bleibt, und fügen Sie nach und nach die Brühe (Gemüse oder Fisch) hinzu.

Nach der Hälfte der Garzeit Lachs, Butter und bei Bedarf eine Prise Salz hinzufügen. Wenn der Reis gut gekocht ist, nehmen Sie ihn vom Herd. Mit ein paar Esslöffeln geriebenem Grana Padano vermischen und servieren.

Nährwert (pro 100 g): Kalorien: 521 Kohlenhydrate: 13 g Fett: 82 g Protein: 839 g Natrium: 19 g

Pasta mit Kirschtomaten und Sardellen

Zubereitungszeit: 15 Minuten

Kochzeit: 35 Minuten

Portionen: 4

Schwierigkeit: Einfach

Zutaten:

- 10,5 Gramm Spaghetti
- 1,3 Pfund Kirschtomaten
- 9 Gramm Sardellen (vorgereinigt)
- 2 Esslöffel Kapern
- 1 Knoblauchzehe
- 1 kleine rote Zwiebel
- Petersilie nach Geschmack
- Extra natives Olivenöl nach Geschmack
- Speisesalz nach Geschmack
- Schwarzer Pfeffer nach Geschmack
- Schwarze Oliven nach Geschmack

Hinweise:

Die Knoblauchzehen in dünne Scheiben schneiden.

Die Kirschtomaten halbieren. Die Zwiebel schälen und fein hacken.

Geben Sie einen Spritzer Öl in eine Pfanne mit Knoblauch- und Zwiebelscheiben. Alles 5 Minuten bei mittlerer Hitze erhitzen; Von Zeit zu Zeit umrühren.

Wenn alles gut gewürzt ist, die Kirschtomaten sowie eine Prise Salz und Pfeffer hinzufügen. 15 Minuten kochen lassen. Stellen Sie in der Zwischenzeit einen Topf mit Wasser auf den Herd und fügen Sie Salz und Nudeln hinzu, sobald es kocht.

Wenn die Sauce fast fertig ist, die Sardellen hinzufügen und einige Minuten kochen lassen. Vorsichtig mischen.

Den Herd ausschalten, die Petersilie hacken und in die Pfanne geben.

Nach dem Garen die Nudeln abtropfen lassen und direkt zur Soße geben. Schalten Sie die Heizung für einige Sekunden wieder ein.

Nährwert (pro 100 g): Kalorien: 446 Kohlenhydrate: 10 g Fett: 66,1 g Protein: 934 g Natrium: 22,8 g

Orecchiette-Brokkoli und Wurst

Zubereitungszeit: 10 Minuten

Kochzeit: 32 Minuten

Portionen: 4

Schwierigkeit: mittel

Zutaten:

- 11,5 Gramm Orecchiette
- 10,5 Brokkoli
- 10,5 Gramm Wurst
- 1,35 fl. oz. 40 ml Weißwein
- 1 Knoblauchzehe
- 2 Zweige Thymian
- 7 Teelöffel natives Olivenöl extra
- Schwarzer Pfeffer nach Geschmack
- Speisesalz nach Geschmack

Hinweise:

Den Topf mit vollem Wasser und Salz zum Kochen bringen. Entfernen Sie die Brokkoliröschen vom Stiel und teilen Sie sie in zwei oder vier Teile, wenn sie zu groß sind; Dann in kochendes Wasser geben, den Topf abdecken und 6-7 Minuten kochen lassen.

In der Zwischenzeit den Thymian fein hacken und beiseite stellen. Entfernen Sie die Haut von der Wurst und zerdrücken Sie sie vorsichtig mit einer Gabel.

Die Knoblauchzehen in etwas Öl anbraten und die Wurst dazugeben. Nach ein paar Sekunden den Thymian und etwas Weißwein hinzufügen.

Ohne das Kochwasser wegzuschütten, den gekochten Brokkoli mit einem Schaumlöffel herausnehmen und nach und nach zum Fleisch geben. Alles 3-4 Minuten kochen lassen. Entfernen Sie den Knoblauch und fügen Sie eine Prise schwarzen Pfeffer hinzu.

Kochen Sie das Wasser, in dem Sie den Brokkoli gekocht haben, geben Sie die Nudeln hinzu und lassen Sie es kochen. Wenn die Nudeln gar sind, mit einem Schaumlöffel abtropfen lassen und direkt in die Brokkoli-Wurst-Sauce geben. Dann gut vermischen, schwarzen Pfeffer hinzufügen und alles in einer Pfanne einige Minuten anbraten.

Nährwert (pro 100 g): Kalorien: 683 Kohlenhydrate: 36 g Fett: 69 g Protein: 733 g Natrium: 20 g

Risotto mit Radicchio und geräuchertem Speck

Zubereitungszeit: 10 Minuten

Kochzeit: 30 Minuten

Portionen: 3

Schwierigkeit: mittel

Zutaten:

- 1 ½ Tassen Reis
- 14 Unzen Radicchio
- 5,3 Gramm geräucherter Speck
- 34 fl. oz. 1 l Gemüsebrühe
- 3,4 fl. oz. 100 ml Rotwein
- 7 Teelöffel natives Olivenöl extra
- 1,7 Gramm Schalotten
- Speisesalz nach Geschmack
- Schwarzer Pfeffer nach Geschmack
- 3 Zweige Thymian

Hinweise:

Wir beginnen mit der Zubereitung der Gemüsebrühe.

Beginnen Sie mit dem Radicchio: Schneiden Sie ihn in zwei Hälften und entfernen Sie den mittleren Teil (den weißen Teil). In Streifen schneiden, gut abspülen und beiseite stellen. Den Räucherspeck ebenfalls in Streifen schneiden.

Die Schalotte fein hacken und mit einem Schuss Öl in eine Pfanne geben. Bei mittlerer Hitze das Feuer anzünden, einen Spritzer Brühe hinzufügen, den Pancetta dazugeben und anbraten.

Nach ca. Nach ca. 2 Minuten den Reis dazugeben und unter häufigem Rühren umrühren. An diesem Punkt gießen wir den Rotwein bei starker Hitze ein.

Wenn der gesamte Alkohol verdunstet ist, kochen Sie weiter, indem Sie jeweils eine Kelle Brühe hinzufügen. Lassen Sie das vorherige trocknen, bevor Sie ein weiteres hinzufügen, bis es vollständig gekocht ist. Fügen Sie Salz und schwarzen Pfeffer hinzu (je nachdem, wie viel Sie hinzufügen möchten).

Nach dem Garen die Radicchiostreifen dazugeben. Mischen Sie sie gut, bis sie mit dem Reis vermischt sind, aber nicht kochen. Den gehackten Thymian hinzufügen.

Nährwert (pro 100 g): Kalorien: 482 Kohlenhydrate: 17,5 g Fett: 68,1 g Protein: 725 g Natrium

Genueser Pasta

Zubereitungszeit: 10 Minuten

Kochzeit: 25 Minuten

Portionen: 3

Schwierigkeit: mittel

Zutaten:

- 11,5 Unzen Ziti
- 1 Pfund Rindfleisch
- 2,2 Kilo goldene Zwiebeln
- 2 Unzen Sellerie
- 2 Unzen Karotten
- 1 Zweig Petersilie
- 3,4 fl. oz. 100 ml Weißwein
- Extra natives Olivenöl nach Geschmack
- Speisesalz nach Geschmack
- Schwarzer Pfeffer nach Geschmack
- Parmesan nach Geschmack

Hinweise:

Um die Nudeln zuzubereiten, beginnen Sie mit:

Zwiebel und Karotten schälen und fein hacken. Anschließend den Sellerie waschen und fein hacken (die Blätter nicht wegwerfen, diese müssen ebenfalls gehackt und aufbewahrt werden). Gehen Sie dann zum Fleisch über, reinigen Sie es von überschüssigem

Fett und schneiden Sie es in 5/6 große Stücke. Zum Schluss die Sellerie- und Petersilienzweige mit Küchengarn zu einem duftenden Bündel zusammenbinden.

Füllen Sie eine große Pfanne mit Öl. Fügen Sie die Zwiebeln, den Sellerie und die Karotten (die Sie zuvor reserviert hatten) hinzu und braten Sie sie einige Minuten lang an.

Anschließend die Fleischstücke, eine Prise Salz und das Duftbouquet dazugeben. Umrühren und einige Minuten kochen lassen. Dann die Hitze reduzieren und mit einem Deckel abdecken.

Mindestens 3 Stunden kochen lassen (kein Wasser oder Brühe hinzufügen, da die Zwiebeln die gesamte nötige Flüssigkeit abgeben, um ein Austrocknen des Pfannenbodens zu verhindern). Überprüfen Sie von Zeit zu Zeit alles und mischen Sie.

Nach 3 Stunden Garzeit das Kräuterbündel herausnehmen, die Hitze etwas erhöhen, etwas Wein dazugeben und verrühren.

Das Fleisch ohne Deckel etwa eine Stunde garen, dabei häufig umrühren und den Wein hinzufügen, wenn der Boden der Pfanne trocken ist.

Nehmen Sie nun ein Stück Fleisch, schneiden Sie es auf einem Schneidebrett und legen Sie es beiseite. Die Ziti hacken und in kochendem Salzwasser kochen.

Nach dem Garen abgießen und zurück in den Topf geben. Ein paar Esslöffel Kochwasser darüber streuen und verrühren. Auf einen

Teller legen und etwas Soße und das zerkleinerte Fleisch (was in Schritt 7 reserviert wurde) hinzufügen. Nach Geschmack Pfeffer und geriebenen Parmesan hinzufügen.

Nährwert (pro 100 g): Kalorien: 450 Kohlenhydrate: 80 g Fett: 8 g Protein: 816 g Natrium: 14,5 g

Neapolitanische Blumenkohlnudeln

Zubereitungszeit: 15 Minuten

Kochzeit: 35 Minuten

Portionen: 3

Schwierigkeit: mittel

Zutaten:

- 10,5 Unzen Nudeln
- 1 Blumenkohl
- 3,4 fl. oz. 100 ml Tomatensauce
- 1 Knoblauchzehe
- 1 Chili
- 3 Esslöffel natives Olivenöl extra (oder Teelöffel)
- Salz nach Geschmack
- Nach Bedarf pfeffern

Hinweise:

Den Blumenkohl gut reinigen: Die äußeren Blätter und den Stiel entfernen. Schneiden Sie es in kleine Blüten.

Die Knoblauchzehen schälen, hacken und in einer Pfanne mit Öl und Chili anbraten.

Das Tomatenpüree und die Blumenkohlröschen dazugeben und einige Minuten bei mittlerer Hitze anbraten, dann mit ein paar Schöpflöffeln Wasser bedecken und 15–20 Minuten kochen lassen, oder zumindest bis der Blumenkohl anfängt zu bräunen.

Wenn Sie feststellen, dass der Boden der Pfanne zu trocken ist, fügen Sie so viel Wasser hinzu, bis die Mischung flüssig ist.

Bedecken Sie nun den Blumenkohl mit heißem Wasser und fügen Sie die Nudeln hinzu, sobald sie kochen.

Mit Salz und Pfeffer würzen.

Nährwert (pro 100 g): Kalorien: 458 Kohlenhydrate: 18 g Fett: 65 g Protein: 746 mg Natrium: 9 g

Nudeln und Bohnen, Orange und Fenchel

Zubereitungszeit: 10 Minuten

Kochzeit: 30 Minuten

Portionen: 5

Schwierigkeit: Schwierigkeitsgrad

Zutaten:

- Extra natives Olivenöl – 1 Esslöffel. plus etwas Extra zum Servieren
- Speck – 2 Gramm, fein gehackt
- Zwiebel – 1, fein gehackt
- Fenchel – 1 Knolle, Stiel entfernt, Knolle halbiert, entkernt und fein gehackt
- Sellerie – 1 Stange, gehackt
- Knoblauch – 2 gehackte Zehen
- Sardellenfilets – 3, gewaschen und gehackt
- Frisch gehackter Oregano – 1 Esslöffel.
- Geriebene Orangenschale – 2 Teelöffel.
- Fenchelsamen – ½ TL.
- Rote Pfefferflocken – ¼ Teelöffel.
- Gewürfelte Tomaten – 1 Dose (28 Unzen)
- Parmesan – 1 Schale, plus mehr zum Servieren
- Cannellini-Bohnen – 1 Dose (7 Gramm), gewaschen
- Hühnerbrühe – 2 ½ Tassen
- Wasser – 2 ½ Tassen

- Salz und Pfeffer
- Gerste - 1 Tasse
- Frisch gehackte Petersilie – ¼ Tasse

Hinweise:

Das Öl in einem Schmortopf bei mittlerer Hitze erhitzen. Den Speck hinzufügen. 3–5 Minuten braten, bis sie anfangen zu bräunen. Sellerie, Fenchel und Zwiebel untermischen und weich rühren (ca. 5-7 Minuten).

Pfefferflocken, Fenchelsamen, Orangenschale, Oregano, Sardellen und Knoblauch mischen. 1 Minute kochen lassen. Mischen Sie die Tomaten und ihren Saft. Parmesanschale und Bohnen untermischen.

Zum Kochen bringen und 10 Minuten kochen lassen. Wasser, Brühe und 1 EL vermischen. Salz Bei starker Hitze kochen. Die Nudeln unterrühren und al dente kochen.

Vom Herd nehmen und die Parmesanschale entfernen.

Petersilie hinzufügen und mit Salz und Pfeffer würzen. Mit etwas Olivenöl beträufeln und mit geriebenem Parmesankäse bestreuen. dienen

Nährwert (pro 100 g): Kalorien: 502: 8,8 g Fett: 72,2 g Kohlenhydrate: 34,9 g Protein: 693 mg Natrium

Zitronen Spaghetti

Zubereitungszeit: 10 Minuten

Kochzeit: 15 Minuten

Portionen: 6

Schwierigkeit: Einfach

Zutaten:

- Extra natives Olivenöl – ½ Tasse
- Geriebene Zitronenschale – 2 Teelöffel.
- Zitronensaft – 1/3 Tasse
- Knoblauch – 1 Zehe, in Pastete gehackt
- Salz und Pfeffer
- Parmesan – 2 Gramm, gerieben
- Spaghetti - 1 Pfund.
- frisch gehacktes Basilikum - 6 EL.

Hinweise:

Knoblauch, Öl, Zitronenschale, Saft und ½ Teelöffel in einer Schüssel verrühren. Salz und ¼ TL. Pfeffer Den Parmesan einrühren und cremig rühren.

In der Zwischenzeit die Nudeln nach Packungsanweisung kochen. Eine halbe Tasse Kochwasser abgießen und auffangen. Die Öl-Basilikum-Mischung zu den Nudeln geben und vermengen. Gut würzen und nach Bedarf mit dem Kochwasser untermischen. dienen

Nährwert (pro 100 g): Kalorien: 398 Kohlenhydrate: 20,7 g Fett: 42,5 g Protein: 844 g Natrium: 11,9 g

Pikanter Gemüse-Couscous

Zubereitungszeit: 10 Minuten

Kochzeit: 20 Minuten

Portionen: 6

Schwierigkeit: schwierig

Zutaten:

- Blumenkohl – 1 Kopf, in 2,5 cm große Röschen geschnitten
- Extra natives Olivenöl – 6 Esslöffel. plus etwas Extra zum Servieren
- Salz und Pfeffer
- Couscous – 1 ½ Tassen
- Zucchini – 1, in ½ Zoll große Stücke geschnitten
- Rote Paprika – 1, entstielt, entkernt und in ½-Zoll-Stücke geschnitten
- Knoblauch – 4 Zehen, gehackt
- Ras el Hanout – 2 Esslöffel.
- Geriebene Zitronenschale – 1 Esslöffel. plus Zitronengläser zum Servieren
- Hühnerbrühe – 1 ¾ Tassen
- Frisch gehackter Majoran – 1 Esslöffel.

Hinweise:

2 EL in einer Pfanne erhitzen. Öl bei mittlerer Hitze. Blumenkohl hinzufügen, ¾ TL. Salz und ½ TL. Pfeffer mischen Kochen, bis die Röschen braun werden und die Ränder kaum noch durchscheinend sind.

Nehmen Sie den Deckel ab und kochen Sie es unter Rühren 10 Minuten lang oder bis die Röschen goldbraun sind. In eine Schüssel geben und die Pfanne auswischen. 2 EL erhitzen. Öl in der Pfanne.

Couscous hinzufügen. Kochen und 3-5 Minuten lang weiterrühren, bis die Bohnen anfangen zu bräunen. In eine Schüssel geben und die Pfanne auswischen. Die restlichen 3 EL erhitzen. Öl in die Pfanne geben und Pfeffer, Kürbis und ½ EL hinzufügen. Salz 8 Minuten kochen lassen.

Zitronenschale, Ras el Hanout und Knoblauch vermischen. Kochen, bis es duftet (ca. 30 Sekunden). Geben Sie die Brühe hinzu und lassen Sie es kochen. Couscous unterrühren. Vom Herd nehmen und beiseite stellen, bis es weich ist.

Majoran und Blumenkohl hinzufügen; Dann mit einer Gabel vorsichtig einstechen und einarbeiten. Das überschüssige Öl abgießen und gut würzen. Mit Zitronenscheiben servieren.

Nährwert (pro 100 g): Kalorien: 787 Kohlenhydrate: 24,5 g Fett: 18,3 g Protein: 699 mg Natrium

Gekochter Reis, gewürzt mit Fenchel

Zubereitungszeit: 10 Minuten

Kochzeit: 45 Minuten

Portionen: 8

Schwierigkeit: mittel

Zutaten:

- Süßkartoffeln – 1 ½ Pfund, geschält und in 2,5 cm große Stücke geschnitten
- Extra natives Olivenöl – ¼ Tasse
- Salz und Pfeffer
- Fenchel – 1 Knolle, fein gehackt
- Kleine Zwiebel – 1, fein gehackt
- Weißer Langkornreis – 1 ½ Tassen, gewaschen
- Knoblauch – 4 Zehen, gehackt
- Ras el Hanout – 2 Esslöffel.
- Hühnerbrühe – 2 Tassen
- Große grüne Oliven in Salzlake – ¾ Tasse, halbiert
- gehackter frischer Koriander – 2 EL.
- Limettenspalten

Hinweise:

Stellen Sie den Ofenrost in die Mitte und heizen Sie den Ofen auf 400 °F vor. Die Kartoffeln mit ½ EL würzen. Salz und 2 EL. Öl

Legen Sie die Kartoffeln in einer einzigen Schicht auf ein Backblech und backen Sie sie 25–30 Minuten lang oder bis sie weich sind. Mischen Sie die Kartoffeln nach der Hälfte der Garzeit.

Entfernen Sie die Kartoffeln und senken Sie die Ofentemperatur auf 350 F. Erhitzen Sie die restlichen 2 Esslöffel in einem Schmortopf. Öl bei mittlerer Hitze.

Zwiebel und Fenchel hinzufügen; Dann 5-7 Minuten kochen lassen oder bis es weich ist. Ras el Hanout, Knoblauch und Reis hinzufügen. 3 Minuten braten.

Die Oliven und die Brühe hinzufügen und 10 Minuten ruhen lassen. Die Kartoffeln zum Reis geben und mit einer Gabel vorsichtig zerdrücken. Mit Salz und Pfeffer abschmecken. Mit Koriander garnieren und mit Limettenschnitzen servieren.

Nährwert (pro 100 g): Kalorien: 207: 8,9 g Fett: 29,4 g Kohlenhydrate: 3,9 g Protein: 711 mg Natrium

Marokkanischer Couscous mit Kichererbsen

Zubereitungszeit: 5 Minuten

Kochzeit: 18 Minuten

Portionen: 6

Schwierigkeit: mittel

Zutaten:

- Extra natives Olivenöl – ¼ Tasse, extra zum Servieren
- Couscous – 1 ½ Tassen
- Dünn geschälte und gehackte Karotten - 2
- Fein gehackte Zwiebel - 1
- Salz und Pfeffer
- Knoblauch – 3 Zehen, gehackt
- gemahlener Koriander - 1 Teelöffel.
- gemahlener Ingwer - Teelöffel.
- Gemahlene Anissamen – ¼ Teelöffel.
- Hühnerbrühe – 1 ¾ Tassen
- Kichererbsen – 1 Dose (15 Gramm), gewaschen
- Gefrorene Erbsen – 1 ½ Tassen
- Frisch gehackte Petersilie oder Koriander – ½ Tasse
- Zitronenscheiben

Hinweise:

2 EL erhitzen. Öl in einer Pfanne bei mittlerer Hitze erhitzen. Den Couscous einrühren und 3-5 Minuten kochen lassen, bis er anfängt zu bräunen. In eine Schüssel geben und die Pfanne auswischen.

Die restlichen 2 EL erhitzen. Öl in der Pfanne erhitzen und Zwiebel, Karotte und 1 TL hinzufügen. Salz 5-7 Minuten kochen lassen. Anis, Ingwer, Koriander und Knoblauch mischen. Kochen, bis es duftet (ca. 30 Sekunden).

Die Kichererbsen und die Brühe dazugeben und aufkochen lassen. Couscous und Erbsen vermischen. Abdecken und vom Herd nehmen. So lange aufbewahren, bis der Couscous weich ist.

Die Petersilie zum Couscous geben und mit einer Gabel vermischen. Mit zusätzlichem Öl beträufeln und gut würzen. Mit Zitronenscheiben servieren.

Nährwert (pro 100 g): Kalorien: 649: 14,2 g Fett: 102,8 g Kohlenhydrate: 30,1 g Protein: 812 mg Natrium

Vegetarische Paella mit Bohnen und Kichererbsen

Zubereitungszeit: 10 Minuten

Kochzeit: 35 Minuten

Portionen: 4

Schwierigkeit: Einfach

Zutaten:

- Eine Prise Safran
- Gemüsebrühe – 3 Tassen
- Olivenöl - 1 Esslöffel.
- Gelbe Zwiebel – 1 große, gewürfelt
- Knoblauch – 4 Zehen, in Scheiben geschnitten
- Roter Pfeffer – 1, gewürfelt
- Zerkleinerte Tomaten – ¾ Tasse, frisch oder aus der Dose
- Tomatenpüree - 2 EL.
- scharfer Paprika - 1 ½ TL.
- Salz - 1 Teelöffel.
- Frisch gemahlener schwarzer Pfeffer – ½ TL.
- Grüne Bohnen – 1 1/2 Tassen, geschält und halbiert
- Kichererbsen – 1 Dose (15 Gramm), abgetropft und gewaschen
- Kurzkörniger weißer Reis – 1 Tasse
- Zitrone – 1, in Würfel schneiden

Hinweise:

Safranfäden mit 3 EL vermischen. warmes Wasser in einer kleinen Schüssel. Bringen Sie das Wasser in einem Topf auf mittlere Hitze. Reduzieren Sie die Hitze und lassen Sie es kochen.

Das Öl in einer Pfanne bei mittlerer Hitze erhitzen. Die Zwiebel einrühren und 5 Minuten kochen lassen. Pfeffer und Knoblauch hinzufügen und 7 Minuten kochen lassen oder bis der Pfeffer weich ist. Die Wasser-Safran-Mischung, Salz, Pfeffer, Paprika, Tomatenmark und Tomate hinzufügen.

Reis, Kichererbsen und grüne Bohnen hinzufügen. Die heiße Brühe einrühren und zum Kochen bringen. Reduzieren Sie die Hitze und kochen Sie es ohne Deckel 20 Minuten lang.

Heiß servieren, garniert mit Zitronenscheiben.

Nährwert (pro 100 g): Kalorien: 709 Kohlenhydrate: 33 g Fett: 12 g Protein: 633 g Natrium: 12 g

Knoblauchgarnelen mit Tomaten und Basilikum

Zubereitungszeit: 10 Minuten

Kochzeit: 10 Minuten

Portionen: 4

Schwierigkeit: Einfach

Zutaten:

- Olivenöl - 2 Esslöffel.
- Garnelen – 1¼ Kilo, geschält und gereinigt
- Knoblauch – 3 Zehen, gehackt
- Zerkleinerte rote Paprikaflocken – 1/8 TL.
- Trockener Weißwein – ¾ Tasse
- Traubentomaten – 1 ½ Tassen
- Fein gehacktes frisches Basilikum – ¼ Tasse, plus mehr zum Garnieren
- Salz - ¾ Teelöffel.
- Gemahlener schwarzer Pfeffer – ½ TL.

Hinweise:

Erhitzen Sie das Öl bei mittlerer bis hoher Hitze in einer Pfanne. Fügen Sie die Garnelen hinzu und kochen Sie sie 1 Minute lang oder bis sie gar sind. Auf einen Teller geben.

Die Paprikaflocken und den Knoblauch in das Öl der Pfanne geben und 30 Sekunden braten. Den Wein einrühren und kochen, bis er etwa auf die Hälfte reduziert ist.

Fügen Sie die Tomaten hinzu und kochen Sie, bis die Tomaten zu zerfallen beginnen (ca. 3 bis 4 Minuten). Die reservierten Garnelen, Salz, Pfeffer und Basilikum hinzufügen. Noch 1 bis 2 Minuten kochen lassen.

Mit dem restlichen Basilikum dekoriert servieren.

Nährwert (pro 100 g): Kalorien: 282 Kohlenhydrate: 10 g Fett: 7 g Protein: 593 g Natrium: 33 g

Garnelen-Paella

Zubereitungszeit: 10 Minuten

Kochzeit: 25 Minuten

Portionen: 4

Schwierigkeit: mittel

Zutaten:

- Olivenöl - 2 Esslöffel.
- Mittlere Zwiebel – 1, gewürfelt
- Roter Pfeffer – 1, gewürfelt
- Knoblauch – 3 Zehen, gehackt
- Eine Prise Safran
- scharfer Paprika - ¼ Teelöffel.
- Salz - 1 Teelöffel.
- Frisch gemahlener schwarzer Pfeffer – ½ TL.
- Hühnerbrühe – 3 Tassen, geteilt
- Kurzkörniger weißer Reis – 1 Tasse
- Geschälte und entdarmte große Garnelen – 1 Pfund.
- Gefrorene Erbsen – 1 Tasse, aufgetaut

Hinweise:

Olivenöl in einer Pfanne erhitzen. Fügen Sie die Zwiebel und die Paprika hinzu und kochen Sie sie 6 Minuten lang oder bis sie weich sind. Salz, Pfeffer, Paprika, Safran und Knoblauch hinzufügen und vermischen. 2 ½ Tassen Brühe und Reis hinzufügen.

Die Mischung zum Kochen bringen und dann kochen, bis der Reis gar ist, ca. 12 Minuten Garnelen und Erbsen zum Reis geben und die restliche halbe Tasse Brühe hinzufügen.

Setzen Sie den Deckel wieder auf die Pfanne und kochen Sie, bis alle Garnelen gar sind (ca. 5 Minuten). dienen

Nährwert (pro 100 g): Kalorien: 409 Kohlenhydrate: 10 g Fett: 51 g Protein: 693 g Natrium

Linsensalat mit Oliven, Minze und Fetakäse

Zubereitungszeit: 60 Minuten

Kochzeit: 60 Minuten

Portionen: 6

Schwierigkeit: mittel

Zutaten:

- Salz und Pfeffer
- Französische Linsen – 1 Tasse, gepflückt und gewaschen
- Knoblauch – 5 Zehen, leicht zerdrückt und geschält
- Lorbeerblatt - 1
- Extra natives Olivenöl – 5 Esslöffel.
- Weißweinessig - 3 Esslöffel.
- Steinlose Kalamata-Oliven – ½ Tasse, gehackt
- Frisch gehackte Minze – ½ Tasse
- Schalotte – 1 groß, gehackt
- Feta-Käse – 1 Unze, zerbröckelt

Hinweise:

Fügen Sie 4 Tassen heißes Wasser und 1 TL hinzu. Salz in einer Schüssel. Die Linsen dazugeben und 1 Stunde bei Zimmertemperatur einweichen lassen. Gut abtropfen lassen.

Stellen Sie den Rost in die Mitte und heizen Sie den Ofen auf 325 °F vor. Fügen Sie die Linsen, 4 Tassen Wasser, den Knoblauch, das

Lorbeerblatt und ½ EL hinzu. Salz in einem Topf. Decken Sie den Auflauf ab, stellen Sie ihn in den Ofen und kochen Sie ihn 40–60 Minuten lang oder bis die Linsen weich sind.

Linsen gut abtropfen lassen, Knoblauch und Lorbeerblätter entfernen. In einer großen Schüssel Öl und Essig vermischen. Schalotten, Minze, Oliven und Linsen hinzufügen und vermischen.

Mit Salz und Pfeffer abschmecken. Auf einem Servierteller gut anrichten und mit Feta-Käse garnieren. dienen

Nährwert (pro 100 g): Kalorien: 249 Kohlenhydrate: 9,5 g Fett: 14,3 g Protein: 885 mg Natrium

Kichererbsen mit Knoblauch und Petersilie

Zubereitungszeit: 5 Minuten

Kochzeit: 20 Minuten

Portionen: 6

Schwierigkeit: mittel

Zutaten:

- Extra natives Olivenöl – ¼ Tasse
- Knoblauch – 4 Zehen, in dünne Scheiben geschnitten
- Rote Pfefferflocken – 1/8 TL.
- Zwiebel – 1, gehackt
- Salz und Pfeffer
- Kichererbsen – 2 Dosen (15 Gramm), gewaschen
- Hühnerbrühe – 1 Tasse
- gehackte frische Petersilie - 2 Esslöffel.
- Zitronensaft – 2 Esslöffel.

Hinweise:

In einen Topf 3 EL geben. Butter hinzufügen und die Knoblauch- und Pfefferflocken 3 Minuten anbraten. Zwiebel und ¼ TL unterrühren. Salz hinzufügen und 5-7 Minuten kochen lassen.

Kichererbsen und Brühe vermischen und aufkochen lassen. Reduzieren Sie die Hitze und lassen Sie es abgedeckt 7 Minuten kochen.

Nehmen Sie den Deckel auf, stellen Sie die Hitze auf eine hohe Stufe und lassen Sie das Ganze 3 Minuten lang kochen, bis die gesamte Flüssigkeit verdampft ist. Beiseite stellen und Zitronensaft und Petersilie vermischen.

Mit Salz und Pfeffer abschmecken. Mit 1 EL würzen. Butter hinzufügen und servieren.

Nährwert (pro 100 g): 611 Kalorien 17,6 g Fett 89,5 g Kohlenhydrate 28,7 g Protein 789 mg Natrium

Kichererbsen gedünstet mit Auberginen und Tomaten

Zubereitungszeit: 10 Minuten

Kochzeit: 60 Minuten

Portionen: 6

Schwierigkeit: Einfach

Zutaten:

- Extra natives Olivenöl – ¼ Tasse
- Zwiebeln – 2, gehackt
- Grüner Pfeffer – 1, fein gehackt
- Salz und Pfeffer
- Knoblauch – 3 Zehen, gehackt
- Frisch gehackter Oregano – 1 Esslöffel.
- Lorbeerblätter - 2
- Aubergine – 1 Pfund, in 2,5 cm große Stücke geschnitten
- Ganze geschälte Tomaten – 1 Dose, mit aufgefangenem Saft abgetropft, gehackt
- Kichererbsen – 2 Dosen (15 Gramm), abgetropft mit 1 Tasse zurückbehaltener Flüssigkeit

Hinweise:

Stellen Sie den Ofenrost in die untere Mitte und heizen Sie den Ofen auf 400 °F vor. Öl im holländischen Ofen erhitzen. Pfeffer, Zwiebel, ½ TL hinzufügen. Salz und ¼ TL. Pfeffer 5 Minuten braten.

1 TL untermischen. Oregano, Knoblauch und Lorbeerblatt zugeben und 30 Sekunden braten. Die Tomaten, die Auberginen, den beiseite gestellten Saft, die Kichererbsen und die eingemachte Flüssigkeit vermischen und aufkochen lassen. Den Topf in den Ofen stellen und ohne Deckel 45–60 Minuten garen. Zweimal mischen.

Lorbeerblätter entfernen. Die restlichen 2 EL hinzufügen. Oregano hinzufügen und mit Salz und Pfeffer würzen. dienen

Nährwert (pro 100 g): Kalorien: 642: 17,3 g Fett: 93,8 g Kohlenhydrate: 29,3 g Protein: 983 mg Natrium

Griechischer Reis mit Zitrone

Zubereitungszeit: 20 Minuten

Kochzeit: 45 Minuten

Portionen: 6

Schwierigkeit: mittel

Zutaten:

- Langkornreis – 2 Tassen, roh (20 Minuten in kaltem Wasser eingeweicht, dann abgetropft)
- Extra natives Olivenöl – 3 Esslöffel.
- Gelbe Zwiebel – 1 mittelgroß, gehackt
- Knoblauch – 1 Zehe, gehackt
- Gerstenpaste – ½ Tasse
- Saft von 2 Zitronen, plus die Schale von 1 Zitrone
- Brühe mit niedrigem Natriumgehalt – 2 Tassen
- Prise Salz
- Gehackte Petersilie – 1 große Handvoll
- Dillkraut - 1 TL.

Hinweise:

3 EL in einem Topf erhitzen. Natives Olivenöl extra. Die Zwiebel hinzufügen und 3-4 Minuten kochen lassen. Gerstenpaste und Knoblauch hinzufügen und vermischen.

Anschließend den Reis zur Panade geben. Brühe und Zitronensaft hinzufügen. Zum Kochen bringen und die Hitze reduzieren. Abdecken und etwa 20 Minuten kochen lassen.

Vom Herd nehmen. Abdecken und 10 Minuten ruhen lassen. Zitronenschale, Dill und Petersilie aufdecken und hinzufügen. dienen

Nährwert (pro 100 g): Kalorien: 145 Kohlenhydrate: 3,3 g Fett: 6,9 g Protein: 893 mg Natrium: 18,3 g

Reis mit aromatischen Kräutern

Zubereitungszeit: 10 Minuten

Kochzeit: 30 Minuten

Portionen: 4

Schwierigkeit: Einfach

Zutaten:

- Extra natives Olivenöl – ½ Tasse, geteilt
- Große Knoblauchzehen – 5, gehackt
- Vollkorn-Jasminreis – 2 Tassen
- Wasser – 4 Tassen
- Meersalz - 1 Teelöffel.
- Schwarzer Pfeffer – 1 Teelöffel.
- Frisch gehackter Schnittlauch – 3 Esslöffel.
- gehackte frische Petersilie - 2 Esslöffel.
- Frisch gehacktes Basilikum – 1 EL.

Hinweise:

¼ Tasse Olivenöl, Knoblauch und Reis in einen Topf geben. Umrühren und bei mittlerer Hitze erhitzen. Wasser, Meersalz und schwarzen Pfeffer vermischen. Dann noch einmal mischen.

Zum Kochen bringen und die Hitze reduzieren. Wir lassen es offen kochen und rühren von Zeit zu Zeit um.

Wenn das Wasser fast aufgesogen ist, vermischen Sie die restliche ¼ Tasse Olivenöl mit Basilikum, Petersilie und Schnittlauch.

Rühren, bis die Kräuter eingearbeitet sind und das gesamte Wasser aufgesogen ist.

Nährwert (pro 100 g): Kalorien: 304 Kohlenhydrate: 25,8 g Fett: 19,3 g Protein: 874 mg Natrium

Mediterraner Reissalat

Zubereitungszeit: 10 Minuten

Kochzeit: 25 Minuten

Portionen: 4

Schwierigkeit: mittel

Zutaten:

- Extra natives Olivenöl – ½ Tasse, geteilt
- Langkörniger brauner Reis – 1 Tasse
- Wasser – 2 Tassen
- Frischer Zitronensaft – ¼ Tasse
- Knoblauchzehe – 1, gehackt
- Frisch gehackter Rosmarin – 1 Teelöffel.
- frisch gehackte Minze - 1 Teelöffel.
- Belgische Endivie – 3, gehackt
- Roter Pfeffer – 1 mittelgroß, gehackt
- Gewächshausgurke – 1, gehackt
- Gehackte ganze Frühlingszwiebeln – ½ Tasse
- Kalamata-Oliven, gehackt – ½ Tasse
- Rote Pfefferflocken – ¼ Teelöffel.
- Zerbröckelter Feta-Käse – ¾ Tasse
- Meersalz und schwarzer Pfeffer

Hinweise:

¼ Tasse Olivenöl, Reis und eine Prise Salz in einem Topf bei schwacher Hitze erhitzen. Umrühren, um den Reis zu bedecken. Das Wasser hinzufügen und kochen, bis es absorbiert ist. Gelegentlich umrühren. Den Reis in eine große Schüssel geben und abkühlen lassen.

Mischen Sie in einer anderen Schüssel das restliche ¼ Tasse Olivenöl, rote Paprikaflocken, Oliven, Frühlingszwiebeln, Gurken, Paprika, Endivien, Minze, Rosmarin, Knoblauch und Zitronensaft.

Den Reis zur Mischung hinzufügen und vermischen. Den Feta-Käse vorsichtig untermischen.

Abschmecken und nachwürzen. dienen

Nährwert (pro 100 g): Kalorien: 415 Kohlenhydrate: 34 g Fett: 28 g Protein: 475 g Natrium: 7 g

Frischer Thunfisch-Bohnen-Salat

Zubereitungszeit: 5 Minuten

Kochzeit: 20 Minuten

Portionen: 6

Schwierigkeit: Einfach

Zutaten:

- Frische Bohnen (geschält) – 2 Tassen
- Lorbeerblätter - 2
- Extra natives Olivenöl – 3 Esslöffel.
- Rotweinessig - 1 Esslöffel.
- Salz und schwarzer Pfeffer
- Thunfisch bester Qualität – 1 Dose (6 oz), verpackt in Olivenöl
- Gesalzene Kapern – 1 Esslöffel. durchnässt und trocken
- Fein gehackte glatte Petersilie – 2 EL.
- Rote Zwiebel – 1, in Scheiben geschnitten

Hinweise:

Leicht gesalzenes Wasser in einem Topf aufkochen. Bohnen und Lorbeerblätter hinzufügen; Dann 15–20 Minuten kochen lassen oder bis die Bohnen weich, aber noch fest sind. Abgießen, Aromen entfernen und in eine Schüssel geben.

Die Bohnen sofort mit Essig und Öl würzen. Salz und schwarzen Pfeffer hinzufügen. Gut vermischen und nachwürzen. Den Thunfisch abtropfen lassen und das Thunfischfleisch zum Bohnensalat geben. Petersilie und Kapern hinzufügen. Umrühren und über die roten Zwiebelscheiben streuen. dienen

Nährwert (pro 100 g): Kalorien: 85: 7,1 g Fett: 4,7 g Kohlenhydrate: 1,8 g Protein: 863 mg Natrium

Leckere Hühnernudeln

Zubereitungszeit: 10 Minuten

Kochzeit: 17 Minuten

Portionen: 4

Schwierigkeit: Einfach

Zutaten:

- 3 Hähnchenbrüste, ohne Haut, ohne Knochen, in Stücke geschnitten
- 300 g Vollkornnudeln
- 1/2 Tasse Oliven, in Scheiben geschnitten
- 1/2 Tasse sonnengetrocknete Tomaten
- 1 Esslöffel geröstete rote Paprika, gehackt
- 14-Unzen-Dose gewürfelte Tomaten
- 2 Tassen Marinara-Sauce
- 1 Tasse Hühnerbrühe
- Pfeffer
- Salz

Hinweise:

Alle Zutaten außer den Vollkornnudeln im Instant Pot vermischen.

Den Deckel schließen und bei starker Hitze 12 Minuten garen.

Sobald dies erledigt ist, lassen Sie den Druck auf natürliche Weise nachlassen. Entfernen Sie die Abdeckung.

Die Nudeln dazugeben und gut vermischen. Schließen Sie den Kessel wieder, wählen Sie „Manuell" und stellen Sie den Timer auf 5 Minuten.

Wenn Sie fertig sind, lassen Sie den Druck 5 Minuten lang ab und lassen Sie dann den Rest mit dem Schnellspanner ab. Entfernen Sie die Abdeckung. Gut vermischen und servieren.

Nährwert (pro 100 g): Kalorien: 615 Kohlenhydrate: 15,4 g Fett: 71 g Protein: 631 g Natrium: 48 g

Mediterrane Tacos

Zubereitungszeit: 10 Minuten

Kochzeit: 14 Minuten

Portionen: 8

Schwierigkeit: mittel

Zutaten:

- 1 Pfund Hackfleisch
- 8 Gramm Cheddar-Käse, gerieben
- Dose mit 14 Gramm roten Bohnen
- 2 Gramm Taco-Gewürz
- 16 Gramm Soße
- 2 Tassen Wasser
- 2 Tassen brauner Reis
- Pfeffer
- Salz

Hinweise:

Stellen Sie den Instant Pot auf den Sauté-Modus.

Das Fleisch in den Topf geben und goldbraun braten.

Wasser, Bohnen, Reis, Taco-Gewürz, Pfeffer und Salz hinzufügen und gut vermischen.

Mit der Soße belegen. Den Deckel schließen und bei starker Hitze 14 Minuten garen.

Wenn Sie fertig sind, lassen Sie den Druck mit dem Schnellspanner ab. Entfernen Sie die Abdeckung.

Den Cheddar-Käse einrühren und rühren, bis der Käse schmilzt.

Servieren und genießen.

Nährwert (pro 100 g): Kalorien: 464: 15,3 g Fett: 48,9 g Kohlenhydrate: 32,2 g Protein: 612 mg Natrium

Leckerer Mac und Käse

Zubereitungszeit: 10 Minuten

Kochzeit: 10 Minuten

Portionen: 6

Schwierigkeit: Einfach

Zutaten:

- 500 g ganze Ellenbogennudeln
- 4 Tassen Wasser
- 1 Tasse gewürfelte Tomate
- 1 Teelöffel fein gehackter Knoblauch
- 2 Esslöffel Olivenöl
- 1/4 Tasse Frühlingszwiebel, gehackt
- 1/2 Tasse geriebener Parmesan
- 1/2 Tasse geriebener Mozzarella
- 1 Tasse Cheddar-Käse, gerieben
- 1/4 Tasse Püree
- 1 Tasse ungesüßte Mandelmilch
- 1 Tasse marinierte Artischocken, gewürfelt
- 1/2 Tasse sonnengetrocknete Tomaten, in Scheiben geschnitten
- 1/2 Tasse Oliven, in Scheiben geschnitten
- 1 Teelöffel Salz

Hinweise:

Nudeln, Wasser, Tomaten, Knoblauch, Öl und Salz in den Instant Pot geben und gut vermischen. Den Deckel abdecken und bei starker Hitze kochen.

Wenn Sie fertig sind, lassen Sie den Druck einige Minuten lang ab und lassen Sie dann die Rückstände mit dem Schnellablass ab. Entfernen Sie die Abdeckung.

Stellen Sie den Topf auf den Anbraten-Modus. Frühlingszwiebeln, Parmesan, Mozzarella, Cheddar-Käse, Passata, Mandelmilch, Artischocken, sonnengetrocknete Tomaten und Oliven hinzufügen. Gut mischen.

Gut vermischen und kochen, bis der Käse schmilzt.

Servieren und genießen.

Nährwert (pro 100 g): Kalorien: 519 Kohlenhydrate: 17,1 g Fett: 66,5 g Protein: 588 g Natrium: 25 g

Reis mit Gurkenoliven

Zubereitungszeit: 10 Minuten

Kochzeit: 10 Minuten

Portionen: 8

Schwierigkeit: mittel

Zutaten:

- 2 Tassen Reis, gewaschen
- 1/2 Tasse Kräuteroliven
- 1 Tasse Gurke, gehackt
- 1 Esslöffel Rotweinessig
- 1 Teelöffel abgeriebene Zitronenschale
- 1 Esslöffel frischer Zitronensaft
- 2 Esslöffel Olivenöl
- 2 Tassen Gemüsebrühe
- 1/2 Teelöffel getrockneter Oregano
- 1 rote Paprika, gehackt
- 1/2 Tasse Zwiebel, gehackt
- 1 Esslöffel Olivenöl
- Pfeffer
- Salz

Hinweise:

Geben Sie das Öl in den Innentopf des Instant Pot und wählen Sie den Pfannenmodus. Die Zwiebel hinzufügen und 3 Minuten braten. Pfeffer und Oregano hinzufügen und 1 Minute braten.

Reis und Brühe hinzufügen und gut vermischen. Den Deckel schließen und bei starker Hitze 6 Minuten garen. Wenn Sie fertig sind, lassen Sie den Druck 10 Minuten lang ab und lassen Sie dann den Rest mit dem Schnellverschluss ab. Entfernen Sie die Abdeckung.

Die anderen Zutaten hinzufügen und gut vermischen. Sofort servieren und genießen.

Nährwert (pro 100 g): Kalorien: 229 Kohlenhydrate: 5,1 g Fett: 40,2 g Protein: 210 g Natrium

Risotto aus aromatischen Kräutern

Zubereitungszeit: 10 Minuten

Kochzeit: 15 Minuten

Portionen: 4

Schwierigkeit: mittel

Zutaten:

- 2 Tassen Reis
- 2 Esslöffel geriebener Parmesankäse
- 100 g Sahne
- 1 Esslöffel frischer Oregano, gehackt
- 1 Esslöffel frisches Basilikum, gehackt
- 1/2 Esslöffel Salbei, gehackt
- 1 Zwiebel, gehackt
- 2 Esslöffel Olivenöl
- 1 Teelöffel Knoblauch, fein gehackt
- 4 Tassen Gemüsebrühe
- Pfeffer
- Salz

Hinweise:

Geben Sie das Öl in den Innentopf des Instant Pot und schalten Sie die Pfanne in den Sautiermodus. Geben Sie Knoblauch und Zwiebeln in den Innentopf des Instant Pot und stellen Sie den Topf auf den Anbraten-Modus. Knoblauch und Zwiebel hinzufügen und 2-3 Minuten braten.

Die anderen Zutaten außer dem Parmesan und der Sahne dazugeben und gut vermischen. Den Deckel schließen und bei starker Hitze 12 Minuten garen.

Wenn Sie fertig sind, lassen Sie den Druck 10 Minuten lang ab und lassen Sie dann den Rest mit dem Schnellspanner ab. Entfernen Sie die Abdeckung. Sahne und Käse verrühren und servieren.

Nährwert (pro 100 g): Kalorien: 514: 17,6 g Fett: 79,4 g Kohlenhydrate: 8,8 g Protein: 488 mg Natrium

Köstliche Frühlingsnudeln

Zubereitungszeit: 10 Minuten

Kochzeit: 4 Minuten

Portionen: 4

Schwierigkeit: Einfach

Zutaten:

- 250 g Vollkorn-Penne
- 1 Esslöffel frischer Zitronensaft
- 2 Esslöffel gehackte frische Petersilie
- 1/4 Tasse Mandelblättchen
- 1/4 Tasse geriebener Parmesan
- 14-Unzen-Dose gewürfelte Tomaten
- 1/2 Tasse Pflaumen
- 1/2 Tasse Zucchini, gehackt
- 1/2 Tasse Spargel
- 1/2 Tasse Karotten, gehackt
- 1/2 Tasse Brokkoli, gehackt
- 1 3/4 Tassen Gemüsebrühe
- Pfeffer
- Salz

Hinweise:

Brühe, Pars, Tomaten, Pflaumen, Kürbis, Spargel, Karotten und Brokkoli in den Instant Pot geben und gut vermischen. Verschließen und bei starker Hitze 4 Minuten garen. Wenn Sie fertig sind, lassen Sie den Druck mit dem Schnellspanner ab. Entfernen Sie die Abdeckung. Die restlichen Zutaten gut vermischen und servieren.

Nährwert (pro 100 g): Kalorien: 303 Kohlenhydrate: 2,6 g Fett: 63,5 g Protein: 918 g Natrium

Gebratene Pfefferpaste

Zubereitungszeit: 10 Minuten

Kochzeit: 13 Minuten

Portionen: 6

Schwierigkeit: mittel

Zutaten:

- 1 Pfund Vollkorn-Penne-Nudeln
- 1 Esslöffel italienisches Dressing
- 4 Tassen Gemüsebrühe
- 1 Esslöffel Knoblauch, fein gehackt
- 1/2 Zwiebel, gehackt
- 14 Unzen Glas geröstete rote Paprika
- 1 Tasse Feta-Käse, zerbröselt
- 1 Esslöffel Olivenöl
- Pfeffer
- Salz

Hinweise:

Die geröstete Paprika in den Mixer geben und glatt rühren. Geben Sie das Öl in den Innentopf des Instant Pot und stellen Sie den Topf auf den Anbraten-Modus. Knoblauch und Zwiebeln in die Innenschüssel des Instant Pot geben und anbraten. Knoblauch und Zwiebel hinzufügen und 2-3 Minuten braten.

Das geröstete Paprikapüree dazugeben und 2 Minuten anbraten.

Die anderen Zutaten außer dem Feta dazugeben und gut vermischen. Gut verschließen und bei starker Hitze 8 Minuten garen. Wenn Sie fertig sind, lassen Sie den Druck 5 Minuten lang auf natürliche Weise ab und lassen Sie den Rest dann mit dem Schnellverschluss ab. Entfernen Sie die Abdeckung. Mit Fetakäse belegen und servieren.

Nährwert (pro 100 g): Kalorien: 459: 10,6 g Fett: 68,1 g Kohlenhydrate: 21,3 g Protein: 724 mg Natrium

Käse-Basilikum-Reis-Tomate

Zubereitungszeit: 10 Minuten

Kochzeit: 26 Minuten

Portionen: 8

Schwierigkeit: mittel

Zutaten:

- 1 1/2 Tassen brauner Reis
- 1 Tasse geriebener Parmesankäse
- 1/4 Tasse frisches Basilikum, gehackt
- 2 Tassen Kirschtomaten, halbiert
- 250 g Tomatensauce
- 1 3/4 Tassen Gemüsebrühe
- 1 Esslöffel Knoblauch, fein gehackt
- 1/2 Tasse Zwiebel, gewürfelt
- 1 Esslöffel Olivenöl
- Pfeffer
- Salz

Hinweise:

Geben Sie das Öl in den Innentopf des Instant Pot und stellen Sie die Pfanne über die Schmorpfanne. Geben Sie den Knoblauch und die Zwiebel in den Innenbehälter des Instant Pot und legen Sie sie in die Pfanne. Den Knoblauch und die Zwiebel mischen und 4 Minuten anbraten. Reis, Tomatensauce, Brühe, Pfeffer und Salz hinzufügen und gut vermischen.

Verschließen und bei starker Hitze 22 Minuten garen.

Wenn Sie fertig sind, lassen Sie es 10 Minuten lang unter Druck lösen und entfernen Sie dann die Rückstände mit dem Schnellverschluss. Entfernen Sie die Abdeckung. Die restlichen Zutaten hinzufügen und vermischen. Servieren und genießen.

Nährwert (pro 100 g): Kalorien: 208 Kohlenhydrate: 8,3 g Fett: 32,1 g Protein: 863 mg Natrium: 5,6 g

Pasta mit Thunfisch

Zubereitungszeit: 10 Minuten

Kochzeit: 8 Minuten

Portionen: 6

Schwierigkeit: mittel

Zutaten:

- 10 Unzen abgetropfter Thunfisch
- 15 Gramm Vollkorn-Rotini-Nudeln
- 100 g gewürfelter Mozzarella
- 1/2 Tasse geriebener Parmesan
- 1 Teelöffel getrocknetes Basilikum
- 14 oz Dose Tomaten
- 4 Tassen Gemüsebrühe
- 1 Esslöffel Knoblauch, fein gehackt
- 8 Gramm Champignons, in Scheiben geschnitten
- 2 Zucchini, in Scheiben geschnitten
- 1 Zwiebel, gehackt
- 2 Esslöffel Olivenöl
- Pfeffer
- Salz

Hinweise:

Gießen Sie das Öl in den Innentopf des Instant Pot und drücken Sie den Topf auf die Pfanne. Die Pilze, den Kürbis und die Zwiebel hinzufügen und braten, bis die Zwiebel weich ist. Den Knoblauch dazugeben und eine Minute anbraten.

Nudeln, Basilikum, Thunfisch, Tomaten und Brühe hinzufügen und gut vermischen. Verschließen und bei starker Hitze 4 Minuten garen. Wenn Sie fertig sind, lassen Sie den Druck 5 Minuten lang ab und lassen Sie dann den Rest mit dem Schnellspanner ab. Entfernen Sie die Abdeckung. Die anderen Zutaten hinzufügen, gut vermischen und servieren.

Nährwert (pro 100 g): Kalorien: 346 Kohlenhydrate: 6,3 g Fett: 11,9 g Protein: 830 mg Natrium

Gemischtes Avocado-Truthahn-Sandwich

Zubereitungszeit: 5 Minuten

Kochzeit: 8 Minuten

Portionen: 2

Schwierigkeit: Einfach

Zutaten:

- 2 rote Paprika, geröstet und in Streifen geschnitten
- 1/4 Pfund dünn geschnittene geräucherte Mesquite-Putenbrust
- 1 Tasse ganze frische Spinatblätter, geteilt
- 2 Scheiben Provolone
- 1 Esslöffel Olivenöl, geteilt
- 2 Ciabatta-Rollen
- ¼ Tasse Mayonnaise
- ½ reife Avocado

Hinweise:

Mayonnaise und Avocado in einer Schüssel gut zerdrücken. Als nächstes heizen Sie die Panini-Presse vor.

Schneiden Sie die Sandwiches in zwei Hälften und verteilen Sie das Olivenöl auf der Innenseite des Brotes. Dann mit der Füllung füllen und mit der Hand schlagen: Provolone, Putenbrust, geröstete Paprika, Spinatblätter, die Avocadomischung darauf verteilen und mit der zweiten Scheibe Brot bedecken.

Legen Sie das Sandwich in die Panini-Presse und grillen Sie es 5–8 Minuten lang, bis der Käse geschmolzen und das Brot knusprig und knusprig ist.

Nährwert (pro 100 g): Kalorien: 546: 34,8 g Fett: 31,9 g Kohlenhydrate: 27,8 g Protein: 582 mg Natrium

Hähnchen mit Gurke und Mango

Zubereitungszeit: 5 Minuten

Kochzeit: 20 Minuten

Portionen: 1

Schwierigkeit: schwierig

Zutaten:

- ½ mittelgroße Gurke der Länge nach aufschneiden
- ½ reife Mango
- 1 Esslöffel Salatdressing Ihrer Wahl
- 1 Vollkorn-Tortilla
- 1 Zoll dicke, etwa 6 Zoll lange Hähnchenbrustscheibe
- 2 Esslöffel Öl zum Braten
- 2 Esslöffel Vollkornmehl
- 2-4 Salatblätter
- Salz und Pfeffer nach Geschmack

Hinweise:

Schneiden Sie eine Hähnchenbrust in 1-Zoll-Streifen und kochen Sie nur insgesamt 6-Zoll-Streifen. Sie wären wie zwei Hähnchenstreifen. Bewahren Sie das übrig gebliebene Huhn für die zukünftige Verwendung auf.

Das Hähnchen mit Pfeffer und Salz würzen. Das Vollkornmehl hinzufügen.

Stellen Sie bei mittlerer Hitze eine kleine beschichtete Bratpfanne auf und erhitzen Sie das Öl. Wenn das Öl heiß ist, fügen Sie die Hähnchenstreifen hinzu und braten Sie sie etwa 5 Minuten pro Seite goldbraun.

Während das Hähnchen kocht, legen Sie die Tortillarollen in den Ofen und lassen Sie sie 3–5 Minuten lang garen. Dann reservieren und auf einen Teller geben.

Schneiden Sie die Gurke der Länge nach auf, verwenden Sie nur die Hälfte und behalten Sie die restliche Gurke. Die in Viertel geschnittene Gurke schälen und das Kerngehäuse entfernen. Legen Sie die beiden Gurkenscheiben etwa 2,5 cm vom Rand entfernt auf die Tortilla.

Die Mango in Scheiben schneiden und die andere Hälfte mit den Kernen aufbewahren. Die kernlose Mango schälen, in Streifen schneiden und auf die Gurke in der Tortilla legen.

Wenn das Hähnchen gar ist, legen Sie es neben die Gurke.

Das Gurkenblatt dazugeben und mit dem Salatdressing Ihrer Wahl beträufeln.

Tortilla aufrollen, servieren und genießen.

Nährwert (pro 100 g): Kalorien: 434 Kohlenhydrate: 10 g Fett: 65 g Protein: 691 g Natrium: 21 g

Fattoush – Brot aus dem Nahen Osten

Zubereitungszeit: 10 Minuten

Kochzeit: 15 Minuten

Portionen: 6

Schwierigkeit: schwierig

Zutaten:

- 2 Laibe Fladenbrot
- 1 Esslöffel natives Olivenöl extra
- 1/2 Teelöffel Sumach, mehr für später
- Salz und Pfeffer
- 1 Herz Römersalat
- 1 englische Gurke
- 5 Roma-Tomaten
- 5 Frühlingszwiebeln
- 5 Radieschen
- 2 Tassen gehackte frische Petersilienblätter
- 1 Tasse gehackte frische Minzblätter
- <u>Zutaten für Gewürze:</u>
- 1 1/2 Limetten, Saft
- 1/3 Tasse natives Olivenöl extra
- Salz und Pfeffer
- 1 Teelöffel gemahlener Sumach
- 1/4 Teelöffel gemahlener Zimt
- 1/4 Teelöffel gemahlener Piment

Hinweise:

Das Pita im Toaster 5 Minuten rösten. Und dann das Fladenbrot in Stücke brechen.

3 Esslöffel Olivenöl in einer großen Pfanne bei mittlerer Hitze 3 Minuten lang erhitzen. Fladenbrot dazugeben und unter Rühren etwa 4 Minuten goldbraun backen.

Salz, Pfeffer und 1/2 Teelöffel Sumach hinzufügen. Nehmen Sie die Fladenbrote vom Herd und legen Sie sie zum Abtropfen auf saugfähiges Papier.

In einer großen Salatschüssel fein gehackten Salat, Gurke, Tomate, Frühlingszwiebel, geschnittenen Rettich, Minzblätter und Petersilie vermischen.

Für die Zitronenvinaigrette alle Zutaten in einer kleinen Schüssel vermischen.

Das Dressing über den Salat mischen und gut vermischen. Fügen Sie das Fladenbrot hinzu.

Servieren und genießen.

Nährwert (pro 100 g): Kalorien: 192 Kohlenhydrate: 3,9 g Fett: 13,8 g Protein: 655 mg Natrium

Glutenfreie Tomaten-Knoblauch-Focaccia

Zubereitungszeit: 5 Minuten

Kochzeit: 20 Minuten

Portionen: 8

Schwierigkeit: schwierig

Zutaten:

- 1 Ei
- ½ Teelöffel Zitronensaft
- 1 Esslöffel Honig
- 4 Esslöffel Olivenöl
- Eine Prise Zucker
- 1 ¼ Tasse warmes Wasser
- 1 Esslöffel aktive Trockenhefe
- 2 Teelöffel gehackter Rosmarin
- 2 Teelöffel gehackter Thymian
- 2 Teelöffel gehacktes Basilikum
- 2 Knoblauchzehen, fein gehackt
- 1 ¼ Teelöffel Meersalz
- 2 Esslöffel Xanthangummi
- ½ Tasse Maismehl
- 1 Tasse Kartoffelstärke, kein Mehl
- 1 Tasse Sorghum
- Glutenfreies Maismehl zum Bestäuben

Hinweise:

Schalten Sie den Ofen für 5 Minuten ein und schalten Sie ihn dann bei geschlossener Ofentür aus.

Warmes Wasser und eine Prise Zucker vermischen. Die Hefe hinzufügen und vorsichtig vermischen. 7 Minuten einwirken lassen.

In einer großen Schüssel Kräuter, Knoblauch, Salz, Xanthan, Stärke und Mehl vermischen. Sobald die Hefe aufgegangen ist, das Mehl in die Schüssel geben. Eier, Zitronensaft, Honig und Olivenöl verquirlen.

Gut vermischen und in eine gut gefettete, mit Maismehl bestreute quadratische Pfanne geben. Mit frischem Knoblauch, anderen Kräutern und Tomatenscheiben belegen. Wir stellen es in den heißen Ofen und lassen es eine halbe Stunde ruhen.

Schalten Sie den Ofen auf 375 °F ein und heizen Sie ihn anschließend 20 Minuten lang vor. Die Focaccia ist fertig, wenn die Oberseite leicht golden ist. Aus dem Ofen nehmen, sofort backen und abkühlen lassen. Es sollte heiß serviert werden.

Nährwert (pro 100 g): Kalorien: 251 Kohlenhydrate: 9 g Fett: 38,4 g Protein: 366 g Natrium

Gegrillter Hamburger mit Pilzen

Zubereitungszeit: 15 Minuten

Kochzeit: 10 Minuten

Portionen: 4

Schwierigkeit: mittel

Zutaten:

- 2 Bibb-Salate, halbiert
- 4 Scheiben rote Zwiebel
- 4 Tomatenscheiben
- 4 Vollkornbrötchen, getoastet
- 2 Esslöffel Olivenöl
- ¼ Teelöffel Cayennepfeffer, optional
- 1 Knoblauchzehe, fein gehackt
- 1 Esslöffel Zucker
- ½ Tasse Wasser
- 1/3 Tasse Balsamico-Essig
- 4 große Portobello-Pilzkappen mit einem Durchmesser von etwa 5 Zoll

Hinweise:

Entfernen Sie die Stiele von den Pilzen und wischen Sie sie mit einem feuchten Tuch ab. Mit den Kiemen nach oben in eine ofenfeste Form geben.

Olivenöl, Cayennepfeffer, Knoblauch, Zucker, Wasser und Essig in einer Schüssel gut vermischen. Über die Pilze gießen und die Pilze mindestens eine Stunde im Kühlschrank marinieren.

Wenn die Stunde fast abgelaufen ist, heizen Sie den Grill auf mittlere bis hohe Hitze vor und fetten Sie den Grill ein.

Die Pilze auf jeder Seite fünf Minuten grillen oder bis sie weich sind. Die Pilze mit der Marinade bestreichen, damit sie nicht austrocknen.

Zum Zusammenstellen ein halbes Sandwich auf einen Teller legen und mit einer Zwiebelscheibe, Pilzen, Tomaten und einem Salatblatt dekorieren. Mit der anderen oberen Hälfte des Sandwiches belegen. Den Vorgang mit den restlichen Zutaten wiederholen, servieren und genießen.

Nährwert (pro 100 g): Kalorien: 244 Kohlenhydrate: 9,3 g Fett: 32 g Protein: 693 g Natrium: 8,1 g

Mittelmeer Baba Ghanoush

Zubereitungszeit: 10 Minuten

Kochzeit: 25 Minuten

Portionen: 4

Schwierigkeit: mittel

Zutaten:

- 1 Knoblauchknolle
- 1 rote Paprika, halbiert und entkernt
- 1 Esslöffel gehacktes frisches Basilikum
- 1 Esslöffel Olivenöl
- 1 Esslöffel schwarzer Pfeffer
- 2 Auberginen, der Länge nach geschnitten
- 2 Runden Focaccia oder Pita
- Saft von 1 Zitrone

Hinweise:

Besprühen Sie den Grill mit Kochspray und heizen Sie den Grill bei mittlerer bis hoher Hitze vor.

Schneiden Sie die Spitzen der Knoblauchzehen ab und wickeln Sie sie in Aluminiumfolie ein. Auf die kälteste Stelle des Grills legen und mindestens 20 Minuten garen. Legen Sie die Paprika- und Auberginenscheiben auf die heißeste Stelle des Grills. Gitter für beide Seiten.

Wenn die Zwiebeln fertig sind, schälen Sie die Schale vom gerösteten Knoblauch und geben Sie den geschälten Knoblauch in die Küchenmaschine. Olivenöl, Pfeffer, Basilikum, Zitronensaft, gegrillte rote Paprika und gegrillte Auberginen hinzufügen. Mischen und in eine Schüssel gießen.

Grillen Sie das Brot mindestens 30 Sekunden pro Seite, um es durchzuwärmen. Das Brot mit der Brei-Sauce servieren und genießen.

Nährwert (pro 100 g): 231,6 Kalorien 4,8 g Fett 36,3 g Kohlenhydrate 6,3 g Protein 593 mg Natrium

www.ingramcontent.com/pod-product-compliance
Lightning Source LLC
Chambersburg PA
CBHW070402120526
44590CB00014B/1221